D1663744

Schriftenreihe des Familienbundes der
Deutschen Katholiken in NRW Nr. 9

Hrsg. v. Familienbund der Deutschen Katholiken,
Landesverband Nordrhein-Westfalen e.V. –
Katholischer Eltern- und Familienverband in den
(Erz-)Bistümern Aachen, Essen, Köln, Münster, Paderborn.

Geschäftsstelle: Rosenstraße 16, 47727 Münster
Tel: 0251/4 67 27; Fax: 0251/51 88 17

Stieffamilie/Zweitfamilie

Reflexionen über einen an gesellschaftlicher
Bedeutung zunehmenden Familientypus

Herausgegeben von Johannes Horstmann

Mit Beiträgen von
Michael Coester
Wilfried Griebel
Waldemar Molinski
Günter Reich
Barthold Strätling
Sabine Walper
und
Stellungnahme des Familienbundes
der Deutschen Katholiken, Landesverband NRW e.V.
zu Fragen der Stieffamilie/Zweitfamilie

Deutsche Bibliothek - CIP-Einheitsaufnahme

Stieffamilie, Zweitfamilie : Reflexionen über einen an gesellschaftlicher Bedeutung zunehmenden
Familientypus / hrsg. von Johannes Horstmann. Mit Beitr. von Michael Coester ... Und Stellung-
nahme des Familienbundes der Deutschen Katholiken, Landesverband NRW zu Fragen der
Stieffamilie, Zweitfamilie. - Grafschaft : Vektor-Verl., 1994
(Schriftenreihe des Familienbundes der Deutschen Katholiken in NRW; 9)
ISBN 3-929304-08-2

NE: Horstmann, Johannes [Hrsg.]; Coester, Michael; Familienbund der Deutschen Katholiken/
Landesverband Nordrhein-Westfalen: Stellungnahme des Familienbundes der Deutschen Katho-
liken, Landesverband NRW zu Fragen der Stieffamilie, Zweitfamilie; Familienbund der Deutschen
Katholiken / Landesverband Nordrhein-Westfalen: Schriftenreihe des Familienbundes ...

Horstmann, Johannes (Hrsg.): Stieffamilie/Zweitfamilie. Reflexionen
über einen an gesellschaftlicher Bedeutung zunehmenden Familien-
typus. Mit Beiträgen von Michael Coester, Wilfried Griebel, Waldemar
Molinski SJ, Günter Reich, Barthold Strätling, Sabine Walper und
einer Stellungnahme des Familienbundes der Deutschen Katholiken,
Landesverband NRW zu Fragen der Stieffamilie/Zweitfamilie.
Schriftenreihe des Familienbundes der Deutschen Katholiken in
NRW 9.
Hrsg. v. Familienbund der Deutschen Katholiken, Landesverband
Nordrhein-Westfalen e.V. - Katholischer Eltern- und Familienverband
in den (Erz-)Bistümern Aachen, Essen, Köln, Münster, Paderborn.
© an dieser Ausgabe Vektor-Verlag, Grafschaft 1994, sonst beim
Familienbund der Deutschen Katholiken in NRW und bei den Autoren.

Inhaltsverzeichnis

Vorwort

S. 7

Stellungnahme des Familienbundes der Deutschen
Katholiken, Landesverband Nordrhein-Westfalen e.V.
zu Fragen der Stieffamilie/Zweitfamilie

S. 9

Wilfried Griebel
Die Reorganisation der Familie als Scheidungsfolgen-
regelung
Ein-Eltern-Familie und außerhalb lebender Elternteil

S. 13

Wilfried Griebel
Die Stieffamilie im Vergleich zu anderen Familienformen

S. 53

Sabine Walper
Kinder in zusammengesetzten Familien:
Rückkehr zur „kompletten Familie" oder Stiefkinder
des Glücks?

S. 75

Waldemar Molinski SJ
Stieffamilie - Zweitfamilie
Theologische Überlegungen

S. 97

Michael Coester
Die Rechtsbeziehungen zwischen Stiefelternteil und
Stiefkind

S. 133

Günter Reich
Probleme von Zweitfamilien in der familientherapeutischen Praxis

S. 149

Barthold Strätling
Die Stieffamilie/Zweitfamilie als Thema der Familienbildungsarbeit

S. 175

Zu den Autoren

S. 190

Vorwort

Der Moraltheologe Franz Böckle hat darauf hingewiesen, daß eine theologische Definition von Familie zumindest in abschließender Form nicht möglich ist.[1] Auch sozialwissenschaftlich nicht, wäre hinzuzufügen. Wenn es *die* Familie nicht gibt, dann gilt es, deren neue Ausprägungen wahrzunehmen. Familie war und ist, so läßt sich summierend zusammenfassen, flexibel gegenüber sozialem Wandel und pluriform in ihren Realisierungen.

Im Jahre 1991 wollten der Familienbund der Deutschen Katholiken, Landesverband Nordrhein-Westfalen e.V. und die Katholische Akademie Schwerte mit ihrer Tagung „Nacheheliche Elternschaft"[2] eine Lebenssituation thematisieren, in der immer mehr Menschen, auch viele Katholiken, leben. Für Familien stellt das Scheitern der Beziehung der Eheleute eine Umbruchsituation dar. Die familiären Beziehungen zwischen Eltern und Kindern müssen neu organisiert werden, denn die bisherigen Eheleute bleiben Vater und Mutter und stehen als solche weiterhin in Verantwortung gegenüber ihren Kindern. Es gilt, die nacheheliche Elternschaft zum Wohl des Kindes zu gestalten.

Viele, deren erste Ehe gescheitert ist, aber auch Verwitwete, heiraten erneut. Hat zu diesem Zeitpunkt mindestens einer der neuen Partner bereits Kinder, entsteht durch die Wiederverheiratung eine Stieffamilie/Zweitfamilie. Die hohen Wiederheiratsquoten lassen darauf schließen, daß das Leben in einer Stieffamilie eine sich ausbreitende Familienform ist. Viele Kinder und Jugendliche werden nicht mehr nur in einer Familie aufwachsen, sondern möglicherweise in zwei oder gar drei Familien.

Die Tagung „Stieffamilien/Zweitfamilien. Reflexion über einen an gesellschaftlicher Bedeutung zunehmenden Familientypus", 7.-9. Dezember 1992, wiederum getragen vom Familienbund der Deutschen Katholiken, Landesverband Nordrhein-Westfalen e.V. und von der Katholischen Akademie Schwerte, lenkte die Aufmerksamkeit auf diese Familienkonstellation, welche sich in Entstehungsgeschichte und Struktur wesentlich von der Kernfamilie (Familie bei unaufgelöster Erstehe der Eltern) unterscheidet und die zudem in mehreren Ausformungen in Erscheinung tritt.

Dieser Band enthält die schriftliche Fassung der auf der Tagung im Kardinal-Jaeger-Haus der Katholischen Akademie Schwerte gehaltenen Vorträge. Ergänzt werden die Schwerter Vorträge durch den juristischen Beitrag von Prof. Dr. Michael Coester. Den Beiträgen vorangestellt ist die Stellungnahme des Familienbundes der Deutschen Katholiken, Landesverband NRW e.V.

Das ungelöste Problem der wiederverheirateten Geschiedenen in der römisch-katholischen Kirche, dessen Lösung dem Familienbund eine Herzensangelegenheit ist, belastet nicht nur die neuen Lebenspartner, sondern wirkt sich auch auf die Stieffamilien/Zweitfamilien insgesamt aus. Der Familienbund hofft, daß baldigst Konzepte für Lehre und Praxis gefunden werden, die es wiederverheirateten Geschiedenen und ihren Familien ermöglichen, in Frieden mit und in der Kirche zu leben. Die Grundsätze „Zur seelsorglichen Begleitung von Menschen aus zerbrochenen Ehen, Geschiedenen und Wiederverheirateten Geschiedenen" der Bischöfe der Oberrheinischen Kirchenprovinz vom 10. Juli 1993 wertet er dankbar als Zeichen der Hoffnung.

Alfons Thesing

Vorsitzender des Familienbundes der
Deutschen Katholiken, Landesverband
Nordrhein-Westfalen e.V.

Johannes Horstmann

1 Kurt Lüscher/Franz Böckle, Familie, in: Christlicher Glaube in moderner Gesellschaft, Bd. 7, Herder: Freiburg/Basel/Wien 1981, 87-145, 99.

2 Dokumentiert in: Nacheheliche Elternschaft. Möglichkeiten und Grenzen elterlicher Verantwortung nach dem Scheitern einer Ehe. Hrsg. von Johannes Horstmann. Mit Beiträgen von Michael Coester, Reinald Eichholz, Wassilios E. Fthenakis, Uwe-Jörg Jopt, Hans Kramer, Matthias Weber, Max Wingen, Schwerte: Viktor-Verlag 1992 (= Schriftenreihe des Familienbundes der Deutschen Katholiken in NRW 8)

3 In: Herder-Korrespondenz 47 (1993) 460-467.

Stieffamilie/Zweitfamilie

Stellungnahme des Familienbundes der Deutschen Katholiken, Landesverband NRW e.V.

Mit der zunehmenden Anzahl von Geschiedenen, Alleinstehenden und Verwitweten mit Kindern, die neue Partnerschaften eingehen, bekommt das Phänomen „Zweitfamilie" eine größere gesellschaftliche und kirchliche Bedeutung, als in der Regel wahrgenommen wird. Das hat beachtliche soziale, rechtliche, ökonomische, pastorale und theologische Auswirkungen, denen die Gesellschaft und die Kirche mehr als bisher Rechnung tragen müssen. Denn die neue Lebenslage stellt die Beteiligten vor beachtliche Herausforderungen, sich mit der veränderten Situation zurechtzufinden, für die ihnen keine entsprechenden Leitbilder geboten werden und die sie ohne angemessene Hilfe von Gesellschaft und Kirche nicht oder nur unter erschwerten Bedingungen meistern können. Andererseits tun sich Gesellschaft und Kirche schwer, die besondere Situation dieser Familien deutlich genug wahrzunehmen und hinreichend zu berücksichtigen.

Deshalb sind Kirche, Staat und Gesellschaft gefordert, Vorkehrungen zu treffen und Hilfe zu leisten, damit die Zweitfamilie leichter gelingen kann. Angesicht dieser Situation fordert der Familienbund der Deutschen Katholiken, Landesverband Nordrhein-Westfalen:

1. Bewußtsein zu schaffen für die spezifische Lebenssituation, für die Chancen und Probleme dieser Familien in Gesellschaft und Kirche, die dadurch gekennzeichnet ist, daß diese Haus- und Lebensgemeinschaften durch sich überschneidende Familienbindungen und -loyalitäten mitbestimmt sind, die die verschiedenen Familienmitglieder in unterschiedlicher Weise beanspruchen. Außerdem hat zumindest einer der Erwachsenen und haben die Kinder die Erfahrung von der Brüchigkeit von Beziehungen durchlebt und durchlitten. Sie alle bedürfen der sensiblen Zuwendung, um die Verletzungen zu heilen; Kinder als

9

Hauptbetroffene benötigen am meisten Hilfe, damit sie nicht auf der Strecke bleiben.

Damit die Mitglieder der Zweitfamilien ihre Rolle in der neuen Gemeinschaft finden können, müssen die Rechte aller gegeneinander abgewogen werden, wobei den Rechten der Kinder als den Schwächsten in dieser Konstellation besonderes Gewicht zukommt. Dabei ist zu beachten:

- das Recht der Kinder auf eine optimale persönliche Entwicklung,
- der oft verständliche Wunsch nach einer neuen Partnerschaft der Eltern,
- die Bedürfnisse des hinzukommenden Partners (evtl. mit Kindern),
- die Rechte des abwesenden Elternteils, begründet in der nachehelichen Elternschaft mit ihrer fortdauernden Eltern-Kind-Beziehung.

Stammen die Kinder einer Zweitfamilie aus zwei Herkunftsfamilien und/oder kommen aus der neuen Partnerschaft eigene Kinder hervor, so muß der Beziehung der Kinder untereinander ein besonderes Augenmerk gelten.

2. Da die finanzielle Ausstattung von Zweitfamilien wegen der fortdauernden ökonomischen Verpflichtungen der Partner gegenüber ihren Erstfamilien häufig prekär ist, muß dafür Sorge getragen werden, daß die Zweitfamilien nicht in zerstörenden Druck geraten. Deshalb muß die ökonomische Situation der Zweitfamilie wegen bestehender Verpflichtungen gegenüber der Erstfamilie mit dem Instrumentarium der Familienpolitik hinreichend abgesichert werden. Dazu müssen insbesondere die ungerechten finanziellen Benachteiligungen von Mehrkinderfamilien im Familienlastenausgleich drastisch abgebaut werden. Flankierend ist eine Verstärkung der Maßnahmen nötig, die eine Erwerbstätigkeit beider Elternteile im Sinne der Vereinbarkeit von Familien und Beruf ermöglichen.

3. Weil das Leben in einer Zweitfamilie an alle Beteiligten beachtliche Anforderungen stellt, vor die Erstfamilien nicht gestellt sind,

und für deren Lösung die Gesellschaft keine Muster bereitstellt, muß in der Ehe- und Familienberatung, in den Familienbildungsstätten und in der schulischen und außerschulischen Pädagogik diesem Familientypus besondere Aufmerksamkeit und Zuwendung gegeben werden.

4. Juristisch ist zu bedenken, daß folgende Aspekte (Bereiche) einer gesetzlichen Regelung bedürfen:

– Sorgerecht, einschließlich des Umgangsrechts der leiblichen Eltern,

– Bestimmung der Rechte und Pflichten des Stiefelternteils,

– Ausstattung des Adoptionsrechts bei Stieffamilien.

5. Darüber hinaus ist speziell von Kirche und Kirchengemeinden zu erwarten:

– eine ausgeprägte Sensibilität für die besondere Situation dieser Familien,

– Respekt vor der Entscheidung derjenigen, die verantwortungsvoll eine Zweitfamilie gründen,

– die Ermöglichung einer vollen Integration dieser Zweitfamilien in der Pfarrgemeinde, welche eine uneingeschränkte Entfaltung des religiösen Lebens erlaubt.

– seelsorgerliche und lebensnahe Verkündigung, die die immer wieder wahrgenommene Kluft zwischen bereits eingeleiteter menschenfreundlicher pastoraler Praxis und der amtlichen Verkündung schließt. Dazu ist eine kluge und mutige Pastoral nötig, die für den Abbau einer glaubensgefährdenden Diskriminierung dieser Familien Sorge trägt. Eine stärkere Gewichtung und Betonung der Pastoral gegenüber dem Kirchenrecht, die eine Ausgrenzung dieser Familien möglichst vermeidet, ist nicht nur erforderlich, sondern auch möglich, wie das Hirtenwort der Bischöfe der Oberrheinischen Kirchenprovinz „Zur seelsorglichen Begleitung von Menschen aus zerbrochenen Ehen, Geschiedenen und Wiederverheirateten Geschiedenen" vom 10. Juli 1993 zeigt.

Die Reorganisation der Familie als Scheidungsfolgenregelung

Ein-Eltern-Familie und außerhalb lebender Elternteil

von

WILFRIED GRIEBEL

Vor dem Hintergrund des gesellschaftlichen Wandels in der Bedeutung von Familie, insbesondere der Ehescheidung und deren Folgen für die Kinder, werden Gedanken zur Reorganisation familialer Beziehungen nach der Scheidung vorgelegt. Die Situation der sogenannten Ein-Eltern-Familien und der außerhalb lebenden Elternteile wird erläutert, unter Betonung der kindlichen Perspektive das Konzept des binuklearen Familiensystems diskutiert. Aufgegriffen werden Impulse aus dem Reorganisationsansatz für die Entwicklung von Unterstützungen und Hilfen für geschiedene Familien.

1. Wandel von Ehe und Ehescheidung

Kulturhistorisch läßt sich ein Wandel in der Bedeutung ehelicher Partnerschaft zeigen mit unterschiedlichen Konzeptionen von Ehe, mit denen jeweils auch Modelle der Auflösung der Ehe durch Scheidung korrespondieren (Roussel, 1980). Mehrere Ehemodelle können in einer Gesellschaft gleichzeitig existieren; sie finden sich empirisch nie in einem „reinen" Zustand, sondern in verschiedenen Erscheinungsformen mit Anteilen anderer Modelle.

Nach Roussel hatte in der *traditionellen Ehe der vergangenen Zeiten* mit ihrer starren Hierarchie von Alter und Geschlecht die Institution Ehe das Ziel, das Überleben der Individuen sicherzustellen, wobei die Familie für alle Funktionen wie Ausbildung der Kinder und Versorgung/Pflege der Alten zuständig war. Es herrschte ein Vorrang der allgemeinen Ordnung über individuelle

13

Gefühle. Eine Scheidung war nicht vorgesehen bzw. erfolgte nur in Ausnahmefällen.

In einer anderen Form, der „*Ehe als Bund*", bildete die Institution Ehe den Rahmen affektiver Solidarität; die Liebe wurde für die Partnerwahl ausschlaggebend, nicht die Heiratspolitik der Familie. Die Ausbildung der Kinder, zuvor ebenfalls Funktion der Familie, wurde von der Gesellschaft übernommen. Recht und Rechtsprechung behielten eine ausschlaggebende Bedeutung, es sollte eine Vermehrung von Ehen ohne Trauschein verhindert werden. Scheidung war hier als Sanktion nur bei schweren Verfehlungen gegen die Institution Ehe gerechtfertigt. Die Geschiedenen traf gesellschaftliche Ächtung, zusätzliche negative wirtschaftliche Folgen vor allem die Frauen.

Das Modell der „*Verschmelzungsehe*" hat als Basis eine intensive gefühlsmäßige Solidarität, die Institution Ehe stellt in diesem Zusammenhang eher eine Formalität, die verschiedene Annehmlichkeiten bietet, dar. Aufgaben wie die Ausbildung der Kinder, teilweise Betreuung der Kinder und die Versorgung von Kranken und Pflegebedürftigen werden gesellschaftlich organisiert. Die Bedeutung von Recht und Rechtsprechung ist ziemlich stark, die richterliche Entscheidung soll den Geschiedenen eine gute Eingliederung in die Gesellschaft ermöglichen. Scheidung wird dann möglich, wenn die enge emotionale Beziehung nicht mehr vorhanden, wenn die Ehe gescheitert oder zerrüttet ist. Sie geht mit schwerer seelischer Krise für die Betroffenen einher; nicht mehr gesellschaftliche Diskriminierung, sondern Schuldgefühle, Aggressionen und Angst sind Konsequenzen für die Betroffenen.

Eine Form weiterer Entwicklung bezeichnet Roussel (1980) als „*Partnerehe*", die keine Institution mehr sei. Vielmehr ist danach die Ehe nunmehr ein privat geschlossener und ebenso lösbarer Vertrag mit dem Ziel, den Partnern möglichst viele Annehmlichkeiten zu verschaffen. Die Gesellschaft übernimmt weitere Funktionen als Dienstleistungen wie Beratung und Therapie von Partnerschaften. Die Bedeutung von Recht und Rechtsprechung wird schwach, eine Auflösung der Ehe gilt als private Angelegenheit und wird lediglich registriert. Die Partner sind verpflichtet, die Modalitäten selbst zu regeln. Geschiedene können einander „als Freunde" verbunden bleiben, Kooperation in weiteren gemeinsamen Aufgaben wie in der Kindererziehung wird angestrebt und erleichtert.

Diese Ehemodelle lassen sich in Beziehung setzen zu familialen Entwicklungen im Zuge der Industrialisierung. Mit zunehmender Technisierung der Haushalte und damit der Entlastung von schweren Routinearbeiten in Haushalt und Familie ist Raum geschaffen worden für die „Beziehungsarbeit", d. h. das Bemühen um psychisches Wohlbefinden der Familienmitglieder (Hungerbühler, 1988). Mit kürzer und flexibler gewordenen Arbeitszeiten dehnen Eltern ihre mit der Familie verbrachte Zeit aus (Hegner & Lakemann, 1989; Wingen, 1991) und in Zusammenhang mit diesen Entwicklungen stiegen die Ansprüche an das Zusammenleben in Familie und Partnerschaft. Gleichzeitig bedeutet die Eheschließung als formaler Akt nicht mehr im selben Umfang wie früher eine Voraussetzung für den gesellschaftlich akzeptierten Übergang des jungen Erwachsenen zu eigener Haushaltsführung, zur Aufnahme einer sexuellen Beziehung und zu Elternschaft (Furstenberg, 1982).

2. Scheidung und Regelung der Sorge für die Kinder

Nicht nur Modelle von Ehe haben sich kulturhistorisch verändert. Auch Kinder haben einen veränderten Stellenwert in den hochindustrialisierten westlichen Gesellschaften erhalten, wobei in kulturübergreifenden Untersuchungen ökonomische, psychische und statusorientierte Nutzenerwartungen an Kinder verglichen worden sind (Nauck, 1991).

Im Vergleich zu Gesellschaften, die agrarwirtschaftlich leben und stark patriarchalisch strukturiert sind, werden in den hochindustrialisierten westlichen Gesellschaften ökonomische Nutzenerwartungen an Kinder nicht mehr hoch bewertet, da Kinder bei uns nicht (mehr) über frühe Erwerbstätigkeit Einkommen für die

Familie erwirtschaften (müssen) und wegen der Rentenversicherungssysteme *eigene* Kinder auch nicht mehr für die materielle Sicherung im Alter für den *einzelnen* unverzichtbar sind. Es ist von daher nicht zu erwarten, daß Eltern viele Kinder auf die Welt bringen wollen, die diese Art von Nutzen erhöhen könnten.

Wenn psychische Konsequenzen des Vorhandenseins von Kindern in der Familie hoch bewertet werden, d. h. wenn von ihnen eine Stärkung der innerfamilialen Beziehungen und emotionale Anreize und Freude erwartet werden, ist es nicht „vernünftig", sich viele Kinder zu wünschen, da sich psychische Nutzenerwartungen nicht in derselben Weise wie materielle vervielfachen lassen: Ein oder zwei „Wunsch"-Kinder – womöglich unterschiedlichen Geschlechts – können den Eltern ebensoviel psychische Befriedigung ermöglichen wie vier oder mehr Kinder. Bei höheren Kinderzahlen aber steigen die ökonomischen Belastungen für die Familie – gerade in unserer Gesellschaft deutlich in urbanen Ballungszentren – stark an. Das Kosten-Nutzen-Verhältnis ist unter diesen Bedingungen tatsächlich so am günstigsten, daß jeweils ein oder zwei Kinder geboren werden.

Unter diesem Blickwinkel ist in unserer Gesellschaft weniger von einer zunehmenden „Kinderfeindlichkeit" auszugehen, etwa als Folge einer reinen Konsumorientierung und eines egoistischen Selbstverwirklichungswunsches im Beruf seitens der Eltern. Stattdessen sind es gestiegene Ansprüche an die Qualität der Eltern-Kind-Beziehung, die Eltern veranlassen, Kinder bzw. mehr Kinder nur dann geplant in ihren Lebensentwurf einzubeziehen, wenn sie denken, daß sie diesen hohen Ansprüchen genügen können (Nauck, 1991).

Für eine These fehlender familialer Bindungsbereitschaft der Menschen in unserer Gesellschaft, für die sinkende Geburtenzahlen, sinkende Zahlen von Eheschließungen, steigende Scheidungsziffern (und daneben zunehmende Zahlen von Einpersonenhaushalten) als Argumente herangezogen werden, sprechen die oben dargelegten Verhältnisse dagegen nicht. (Zur Vertiefung der Auseinandersetzung mit der These von der De-Institutionalisierung von Familie vgl. Fthenakis, 1992; Nave-Herz, 1989;

Schütze, 1989). Vielmehr sind es die genannten erhöhten Ansprüche an das Zusammenleben in Partnerschaft und Familie, die nun auch die Bereitschaft mitbestimmen, Partnerschaften aufzugeben, die diesen Erwartungen nicht (mehr) genügen (Nave-Herz, Daum-Jaballah, Hauser et al., 1990).

In vergangenen Jahren haben sich die Scheidungszahlen so entwickelt, daß man in der Bundesrepublik davon ausgehen kann, daß etwa ein Viertel bis ein Drittel der geschlossenen Ehen in Scheidung enden werden, in Ballungsgebieten sind es bis zu 50 % der jetzt geschlossenen Ehen. Die Erklärung für das Phänomen, daß ein mengenmäßig begrenzter charakterlich oder psychisch auffälliger Anteil der Bevölkerung sich zum Führen und Aufrechterhalten einer Ehe als ungeeignet erweise, erscheint daher nicht mehr haltbar.

Die erhöhten Erwartungen an die familialen Beziehungen dürften auch mitbestimmend dafür sein, daß Erwachsene nach ihrer Trennung als Partner ihre Beziehungen als Eltern zu den Kindern weiterhin pflegen wollen. Es zeigt sich, daß auch Väter zunehmend nach Scheidung das Sorgerecht für Kinder beantragen, daß Umgangsrecht beantragt und auch geregelt wird; daß dort, wo eine gewisse Gemeinsamkeit in den Vorstellungen der Eltern über die wechselseitigen Nachscheidungsbeziehungen zu den Kindern nicht gegeben ist, eskalierende Konflikte auftreten (Schmidt, 1993). Es ist also nicht das Ehemodell i. S. v. Roussel allein, das den Typus von Scheidung bedingt, sondern auch die kulturell mitgeprägten Eltern-Kind-Beziehungen, die Auswirkungen auf die Regelung der Scheidungsfolgen haben.

Bei der „Sanktionsscheidung", die mit dem Ehemodell „Ehe als Bund" einherging, verlor noch ein „schuldiger" Elternteil das Sorgerecht für die Kinder, d.h. die Regelung des Eltern-Kind-Verhältnisses nach der Scheidung wurde unabhängig von der Qualität der Eltern-Kind-Beziehung allein durch Veränderungen auf der Partnerebene bestimmt.

Nach dem Zerrüttungsprinzip war hinsichtlich der Sorgerechtsregelung nicht mehr die Schuld eines einzelnen an der Auflösung der Ehe entscheidend. Das Kindeswohl gewann die Bedeutung

der obersten Richtschnur für die Regelung des Eltern-Kind-Verhältnisses in der Nachscheidungsfamilie. Mit anderen Worten, es
war die Qualität der Eltern-Kind-Beziehungen zum Zeitpunkt der
Scheidung der Maßstab dafür, welcher Elternteil das Sorgerecht
für das Kind erhielt. Allerdings führte der Zwang, die elterliche
Sorge nach der Scheidung in jedem Falle gerichtlich regeln zu
lassen dazu, daß jeweils nach dem „besseren" Elternteil gesucht
wurde, um dem Kindeswohl entsprechend diesem die elterliche
Sorge zu übertragen. Der Zwang zur alternativen Entscheidung
zwischen den Eltern führte in eskalierenden Auseinandersetzungen dazu, daß die Eltern sich nicht nur gegenseitig herabsetzten
und die elterliche Eignung wechselseitig bezweifelten, sondern
auch zu einer akzentuierenden Bewertung der Eltern durch die
beteiligten Institutionen, die eine Entscheidung rechtfertigen
sollten.

Zwar hatte wie zuvor schon der nichtsorgeberechtigte Elternteil
ein Umgangsrecht; im Sinne einer „klaren Lösung" wurde bei
auftretenden Problemen jedoch in Richtung auf Ausgrenzung
dieses Elternteils hingewirkt. Dabei wurde weitgehend Bezug
genommen auf die psychoanalytisch begründete Position eines
einflußreichen Autorenteams (Goldstein, Freud & Solnit, 1974,
1982). Goldstein et al. hatten allerdings sogar vorgeschlagen,
dem nach der Scheidung nicht mehr mit dem Kind zusammenlebenden Elternteil möglichst kein Recht auf Umgang einzuräu-
men, um dem Kind eine „ungestörte" Entwicklung beim sorgeberechtigten Elternteil, in aller Regel bei der als dafür grundsätzlich besser geeignet angesehenen Mutter, zu ermöglichen. Nur so
glaubte man, eine unausweichlich pathologisierende Wirkung
von Scheidung auf das Kind wenigstens abmildern zu können,
wobei Scheidung als Katastrophe, als Ende der Familie gesehen
wurde, die lediglich „Elterntrümmer" (Lempp, 1983) und „Scheidungswaisen" (noch 1993: Kraus) zurücklasse. Das hier ausge-
führte Modell von Ehescheidung einschließlich Regelung der
Folgen ist auch als „Desorganisationsmodell" von Ehescheidung
bezeichnet worden (Théry, 1988).

3. Bedeutung des nichtsorgeberechtigten Elternteils

Nicht zuletzt im Zusammenhang mit der in den 80er Jahren betriebenen Vaterforschung (Fthenakis, 1988, 1993) richtete sich das Interesse dann auf die Bedeutung des nicht zur elterlichen Sorge, sondern zum Umgang mit dem Kind berechtigten Elternteils, in erster Linie auf den nichtsorgeberechtigten, getrennt vom Kind lebenden Vater (Fthenakis, 1984a, 1991a). Man besann sich sozusagen darauf, daß dieser Elternteil noch am Leben ist und andere Bewältigungsformen für die Gestaltung der Nachscheidungsbeziehungen in der Familie denn als Trauer um einen (sozial) Toten gesucht werden müssen.

Hilfestellung erwuchs aus der Forschung über Belastungen und deren Bewältigung im Zusammenhang mit elterlicher Scheidung. Die Diskussion um Hilfe und Unterstützung bei Scheidung ist zunehmend vor dem Hintergrund der in den USA weitverbreiteten, in der Bundesrepublik in den Anfängen steckenden empirischen Forschung über Ehescheidung geführt worden. Im Bereich der Scheidungsforschung sind als wesentliche Bedingungen dafür, daß die elterliche Trennung und Scheidung möglichst geringe negative Auswirkungen auf die Entwicklung der Kinder hat, herausgearbeitet worden (Überblick siehe Fthenakis, 1993): Beenden der elterlichen Konflikte nach der Scheidung; Vermeiden von wirtschaftlicher und sozialer Notlage der betroffenen Familien und Erhalt positiver Beziehungen der Kinder zu beiden Eltern.

Die Bedeutung der Qualität der Beziehungen des Kindes zu beiden Eltern unterstrichen mehrere empirische Untersuchungen (Anderson & Anderson, 1981; Francke, 1983; Hetherington, Cox & Cox, 1982; Hetherington et al., 1989; Katkin, Bullington & Levine, 1974; Oakland, 1984; Ware, 1982). Keine Zusammenhänge mit dem Umfang von Kontakten mit der Entwicklung der Kinder, wohl aber mit der Qualität der Kind-Vater-Beziehung fanden Hess & Camara, 1979; von Zusammenhängen zwischen Anpassung des Kindes, Qualität der Vater-Kind-Beziehung und der Zeit, die das Kind *alleine* mit dem Vater verbringen konnte,

19

berichten Kurdek & Berg, 1983; im übrigen zusammenfassend Fthenakis, 1988b; Hodges, 1991; Loewen, 1988).

Die Bedeutung des Aufrechterhaltens einer Beziehung zu Vater und Mutter, der „Realpräsenz" beider Elter, für die gesunde psychische Entwicklung wird gerade von psychiatrischer Seite auch für den Fall von Konflikten zwischen dem Kind und dem betreffenden Elternteil hervorgehoben (Group for the Advancement of Psychiatry, Committee on the Family, 1981; außerdem Hodges, 1991; Hoorwitz, 1983). Zudem ist zu berücksichtigen, daß nicht wenige Kinder zu einem späteren Zeitpunkt zum anderen Elternteil wechseln, meist zum bis dahin nichtsorgeberechtigten Vater. Dieser Anteil wird auf mehr als ein Fünftel geschätzt (Furstenberg & Spanier, 1984, für die USA).

Schließlich ist auch zu bedenken, daß weitere Beziehungen zum Vater nach der Scheidung dem Kind die Bewältigung einer Wiederheirat der Mutter erleichtern (Hetherington et al., 1982) und für die Integration der Stieffamilie nicht dysfunktional, sondern förderlich sein können (Greif & Simring, 1982). Und es hat sich erwiesen, daß Unterhaltszahlungen – eine wichtige Ressource für die Kinder, die nachweislich mit weiterer positiver Entwicklung korreliert (Furstenberg et al., 1987) –, die aber auch in der Bundesrepublik niedrig sind und häufig unregelmäßig, unvollständig oder gar nicht gezahlt werden oder gezahlt werden können, dann regelmäßiger geleistet werden, wenn der Kontakt des Vaters zum Kind aufrechterhalten werden konnte (Bohannan, 1985; Rosenthal & Keshet, 1981).

4. Gemeinsame elterliche Sorge nicht mehr ausgeschlossen

Mit der auf Antrag betroffener Eltern ergangenen Entscheidung des Bundesverfassungsgerichts vom 3.11.1982 wurde die Bestimmung des BGB als mit dem Grundgesetz unvereinbar erklärt, wonach nach Scheidung die elterliche Sorge einem Elternteil allein zu übertragen sei; m. a. W., die gemeinsame elterliche Sorge wurde als Alternative zugelassen (zur gemeinsamen elterlichen Sorge s. Fthenakis, 1984b, dem Inhalt des 1982 für das Bundesverfassungsgericht erstatteten Gutachtens entsprechend).

Es folgte eine jahrelange juristische Debatte darüber, ob die gemeinsame elterliche Sorge als Ausnahme oder als Regelfall anzusehen sei, begleitet von Auseinandersetzungen in den helfenden Berufen, ob und auf welche Weise gemeinsam wahrgenommene Elternverantwortung nach der Scheidung gefördert werden könne (u.a. Fthenakis, 1989; Fthenakis & Kunze, 1992a).

Inzwischen zeichnet es sich ab, daß infolge der zu erwartenden Reform des Kindschaftsrechts die elterliche Sorge nach Ehescheidung zukünftig nur auf Antrag der Eltern gerichtlich geregelt wird. Falls keine Antragstellung auf Übertragung der elterlichen Sorge auf einen Elternteil erfolgt, über den das Gericht zugunsten des Antragstellers oder aber zugunsten des anderen Elternteils entscheidet, bleibt zukünftig die elterliche Sorge auch nach der Scheidung beiden Elternteilen gemeinsam belassen.

5. Besuchshäufigkeit zwischen Kind und nichtsorgeberechtigtem Elternteil

Überein stimmen alle Befunde dahingehend, daß im Durchschnitt Besuche des Kindes beim nichtsorgeberechtigten Elternteil nach der Scheidung mit der Zeit seltener und unregelmäßiger werden (Napp-Peters, 1988, für die Bundesrepublik; Francke, 1983; Furstenberg, 1983; Furstenberg, Morgan & Allison, 1987; Goode, 1956; Hetherington, 1979; Luepnitz, 1982, für die USA). Diese Tendenz verstärkt sich noch einmal mit der Wiederheirat des nichtsorgeberechtigten Elternteils (Furstenberg, 1988; Furstenberg et al. 1983; Tepp, 1983). Allerdings ist auch beobachtet worden, daß nach Wiederheirat im Laufe der Zeit – auch mit dem Älterwerden der Kinder – die Besuche zwar seltener, dafür aber zeitlich jeweils ausgedehnter wahrgenommen wurden, während sich die Häufigkeit von telefonischen Kontakten nicht verringert hatte (Tropf, 1984).[1]

Ob nach einer Wiederheirat in Familien mit Stiefmüttern die nichtsorgeberechtigte Mutter sich weiterhin stärker engagiert als der nichtsorgeberechtigte Vater, wenn die Kinder mit einem Stiefvater zusammenleben (Brand et al., 1988; Furstenberg, 1988; Santrock & Sitterle, 1987) oder ob dies nicht der Fall ist (Camara & Resnick, 1988), bleibt offen. Während aber verstärkte Beteiligung des nichtsorgeberechtigten Vaters eine positive oder neutrale Rolle für das Funktionieren von Stiefvaterfamilien zu spielen scheint (Brand et al., 1988; Furstenberg, 1988), wirkt sich eine verstärkte Beteiligung nichtsorgeberechtigter Mütter in Stiefmutterfamilien offenbar eher negativ aus, speziell für Töchter und deren Beziehung zur Stiefmutter (Brand et al., 1988; Camara & Resnick, 1988).

Weder die Qualität noch die Häufigkeit des Kontaktes zwischen dem nichtsorgeberechtigten Elternteil und dem Kind können aus der Beziehung vor der Scheidung vorhergesagt werden (Hetherington et al., 1982; Hetherington & Stanley-Hagan, 1986; Hetherington et al., 1989): Während sich einige zuvor engagierte Väter vom Kind zurückziehen, weil sie die emotionalen Belastungen des Getrenntlebens von ihnen nicht ertragen, berichten andere nichtsorgeberechtigte Väter von verbesserten Beziehungen zu den Kindern nach der Scheidung und zeigten kompetentes und verantwortungsvolles Elternverhalten (Hetherington et al., 1989; Schmidt, 1993).

Der Einfluß der Sorgeregelung darauf, wie Väter nach der Scheidung Elternverantwortung tatsächlich wahrnehmen, ist ebenfalls Gegenstand von Untersuchungen gewesen (u.a. Bowman & Ahrons, 1985; Clark et al., 1988); wobei Arrangements mit gemeinsamer elterlicher Sorge in aller Regel vermehrte Kontakte zwischen Kindern und beiden Eltern beinhalten (die nationale und internationale Forschung zusammenfassend Fthenakis, Kunze, Griebel & Oberndorfer, 1991; anhand einer bundesdeutschen Stichprobe speziell auch Balloff & Walter, 1991a, 1991b).

Es gibt einige Belege dafür, daß nichtsorgeberechtigte Mütter eher den Kontakt aufrechterhalten als nichtsorgeberechtigte Väter (Fthenakis & Oberndorfer, 1992; Furstenberg, 1988; Zill,

1988), wobei freilich zu berücksichtigen sein dürfte, vor welchem Hintergrund jeweils die Entscheidung der Eltern oder des Gerichts, die Sorge dem Vater zu übertragen, getroffen worden ist.

6. Gründe für Probleme beim Aufrechterhalten der Beziehung

Inwieweit familiale Hintergründe für das Aufrechterhalten oder Abbrechen von Kontakten verantwortlich sind, bleibt unklar.[2] Aussichtsreich erscheint aber, anstatt auf familiale Hintergründe das Augenmerk vermehrt auf die Struktur des Umgangs selbst zu legen, die zu negativen Reaktionen bei den Beteiligten führt (Ambrose et al., 1983; Anderson-Khleif, 1982; Hodges, 1991; Loewen, 1988).

Dabei lassen sich mehrere Faktoren unterscheiden (Loewen, 1988): (1) Kulturelle Erwartungen, (2) Konflikte mit dem sorgeberechtigten Elternteil und dessen Widerstand gegen Umgang, (3) emotionale Probleme des nichtsorgeberechtigten Elternteils, (4) die „Künstlichkeit" der Eltern-Kind-Beziehung in der Umgangssituation und (5) der Einfluß neuer Partner der geschiedenen Eltern, insbesondere des nichtsorgeberechtigten Elternteils. Hinzu kommen Probleme, die sich aus dem speziellen Muster des Umgangs (Zeitschema) ergeben, wenn dieses nicht den Bedürfnissen der Beteiligten zu unterschiedlichen Zeitpunkten entspricht (Fthenakis, 1991; Hodges, 1986, 1991). Und schließlich sind es auch äußere Faktoren wie die räumliche Entfernung zwischen den Wohnsitzen der geschiedenen Eltern, die die Häufigkeit der Kontakte mitbestimmen (Furstenberg et al., 1983; Koch & Lowery, 1984).

Zu den ersten drei Bereichen sollen hier kurze Ausführungen gemacht werden:

6.1 Gesellschaftliche Erwartungen

Probleme mit der Beziehung zwischen dem Kind und dem nicht mit ihm zusammenlebenden Elternteil sind immer auch im Zusammenhang mit gesellschaftlich normierten Erwartungen an die Beteiligten einer Scheidung zu sehen: Scheidung wird als Scheitern der Beziehung nicht nur der Partner gesehen, sondern ihre Beziehung als gemeinsame Eltern der Kinder wird in die Erwartung des partnerschaftlichen Scheiterns eingeschlossen; m. a. W. „man" kann sich nicht vorstellen, daß Eltern als Partner auseinandergehen, aber als Eltern gemeinsam weiter Verantwortung für die Kinder praktizieren. Diese Annahme ist zwar nachweislich falsch, kann aber als gesellschaftliche Erwartung eine zusätzliche Hürde für die Beteiligten darstellen.

Wirksam werden für nichtsorgeberechtigte Väter auch Erwartungen an die Erziehung des Kindes durch den Vater allgemein, der traditionell lediglich als Unterstützer der Mutter angesehen wurde, als Spiel- und Freizeitpartner der Kinder, als weniger bedeutsame Bezugsperson für die gesamte Entwicklung der Kinder, verglichen mit der Mutter. Dem entsprechen geringe Erwartungen der Väter an ihre eigene Kompetenz.

Es fehlen für geschiedene Väter weithin Rollenmodelle (Niesel, 1991b), wie sie von nichttraditionell beteiligten Vätern in intakten Familien oder von gemeinsam sorgeberechtigten Vätern nach der Scheidung bereitgestellt werden könnten.

Es kommen hinzu die Geschichte des Sorgerechts und die traditionelle Aufgabenteilung der Geschlechter als Basis anwaltlicher Empfehlungen und richterlicher Entscheidungen und eine Tendenz zu übereilten Entscheidungen in der Vorscheidungsphase aufgrund von akuten Konfliktkonstellationen, bei denen langfristige Interessen der Kinder zu wenig berücksichtigt werden (Gatley & Koulack, 1979). Wünsche der Kinder nach fortgesetzten Kontakten sind den Vätern nicht bewußt (Goldstein, 1982; Keshet & Rosenthal, 1978). So kann davon ausgegangen werden, daß bei den 90 % der Arrangements, bei denen sich die Eltern auf Sorgerecht für die Mutter und Umgang für den Vater einigen, die Beteiligten vor dem Hintergrund gesellschaftlicher Normen überzeugt sind, keine andere Wahl zu haben (Ramos, 1979; Anderson-Khleif, 1982).

Allerdings darf auch die Bereitschaft eines Teils der Väter nicht übersehen werden, die Kinder der Mutter zu überlassen, da ihnen damit die Freiheit gegeben ist, ihr Leben ohne die Belastungen der Verantwortung für die Kinder nach ihren eigenen Bedürfnissen zu organisieren (Loewen, 1988), ein Muster, das auch aus nicht geschiedenen Ehen bekannt ist.

6.2 Konflikte mit dem Sorgeberechtigten

Väter, die nach der Scheidung ihre Kinder nur selten sehen, kommen damit nicht selten den Wünschen der sorgeberechtigten Mütter entgegen, die in diesem Sinne sogar auf Unterhalt verzichten (Burgoyne & Clark, zit. nach Maidment, 1984). Ein Drittel bis die Hälfte der betroffenen Mütter hegen Widerstände gegen den Umgang der Kinder mit deren Vätern (Ambrose et al., 1983; Anderson-Khleif, 1982; Furstenberg, 1983; Gatley & Koulack, 1979; Goldstein, 1982; Wallerstein & Kelly, 1980); die Einstellung der Mütter zum Umgang ist eine wichtige Variable für die Umgangshäufigkeit auch nach einer Wiederheirat (Tropf, 1984). In der Wahrnehmung der Besuchsregelung und der Zufriedenheit damit bestehen große Diskrepanzen in der Einschätzung durch Mütter einerseits und Väter andererseits (Anderson-Khleif, 1982).

Bei fortdauernder Feindseligkeit zwischen den Eltern können Details der Besuchsregelung, Pünktlichkeit usw. zu „Waffen" in der Auseinandersetzung werden (Anderson-Khleif, 1982; Hetherington et al., 1982; Wallerstein & Kelly, 1980); bei ungleicher Machtverteilung und häufiger Frustration zieht sich der Unterlegene zurück.

6.3 Mit der Besuchssituation verbundene Belastungen

Trotz positiver Einstellung zu Kontakten mit den Kindern meiden viele Väter die Situation, bei ihren früheren Frauen darum bitten zu müssen, daß sie Kontakte mit den Kindern aufrechterhalten dürfen und Besuche seitens der Kinder erhalten können (Sturner, 1983). Väter fürchten häufig, nur wenig Einfluß auf die weitere Entwicklung ihrer Kinder zu haben (Anderson-Khleif, 1982; Furstenberg, 1983; Wedermeyer, 1984). Eine weitere Angst betrifft das Gefühl von Zurückweisung durch die Kinder (Loewen, 1988). Auch die Bewältigung der Gefühle beim Empfang und bei der Trennung von Kindern ist für manche Väter schwer zu leisten.

Mit den kurz zusammengefaßten Problembereichen stimmen die Ergebnisse einer Untersuchung von 84 nichtsorgeberechtigten Vätern überein, die nach Gründen für verringerte oder abgebrochene Kontakte zu ihren Kindern befragt wurden (Dudley, 1991).

Danach wurden von einer Gruppe dieser Väter die fortbestehenden Konflikte mit der früheren Partnerin als vorwiegender Grund genannt, die noch aus dem gesamten Verlauf des Scheidungsverfahrens herrührten. Entweder hielten nach der Darstellung der Väter die früheren Partnerinnen sich nicht an die Besuchsvereinbarungen, oder sie beeinflußten aus der Sicht der Väter die Kinder; teilweise hatte es nach der Scheidung weitere Verfahren wegen Unterhalt oder wegen des Besuchsrechts gegeben. Viele wünschten eine Erweiterung der Kontaktmöglichkeiten.

Von einer zweiten Gruppe wurden persönliche Schwierigkeiten oder Barrieren gegen den Umgang aufgeführt, aber auch der Wunsch nach Hilfe dabei, die Beziehung zu ihren Kindern wieder aufzunehmen. Hierunter fielen Väter, die Alkoholprobleme oder andere gesundheitliche Probleme hatten, berufliche Anforderungen als Grund angaben, Unsicherheit über das Verhältnis von Vater zu Stiefvater empfanden und das Kind nicht verwirren wollten, den Anforderungen durch eine neue Partnerin den Vorzug gaben, Angst hatten, Fehler gegenüber dem Kind zu machen oder, bei Geschwistergruppen, ihnen nicht allen in gleichem Maße gerecht werden zu können.

Eine dritte Gruppe sah die Gründe für verringerte Kontakte darin, daß ihre Kinder älter geworden waren und als Jugendliche und Heranwachsende von sich aus seltener den Kontakt zu ihrem Vater wünschten, sondern lieber mit Freunden umgehen oder mit Jobs Geld verdienen wollten.

Bei einer letzten Gruppe von Vätern waren es außerordentlich große räumliche Distanzen zwischen den Wohnorten, die häufigere Kontakte unmöglich machten. Viele von ihnen benutzen andere Kommunikationsformen, die meisten wünschten vermehrte Kontakte mit ihren Kindern.

7. Das Reorganisationsmodell von Ehescheidung

Vor dem Hintergrund (a) der demographischen Entwicklung von Scheidung, (b) der wissenschaftlichen und (c) der Entwicklung im juristischen Bereich, die als gesamtgesellschaftliche Veränderungen verstanden werden können, hat sich ein Typ von Verständnis von Ehescheidung einschließlich Regelung der Nachscheidungssituation herausgebildet, der als Reorganisationsmodell bezeichnet worden ist (Fthenakis, 1991; Fthenakis & Kunze, 1992b; Fthenakis, Griebel, Kunze, Niesel & Oberndorfer, 1992; Fthenakis, Niesel & Griebel, 1993).

Innerhalb dieses Modells wird eine Scheidungsfamilie nicht mehr als die pathogene Ausnahme von einer Familiennorm (i. S. v. biologischer Kernfamilie) gesehen, sondern als eine Form familialer Entwicklung, bei der möglicherweise das Herausbilden einer „Normalität eigener Art" (Hoffmann-Riem, 1984) zu beobachten sein wird.

Bei der Betrachtung der Familie als ein familiales System steht im Vordergrund, daß mit einer Trennung/Scheidung der Eltern nicht ein Familienmitglied mit dem Auszug aus dem Haushalt zugleich seine Eigenschaft als Systemelement verliert. Vielmehr bleiben dieselben Personen in vielfältiger Weise miteinander verbunden – emotionale Bindungen zwischen Eltern und Kindern dauern fort; gefühlsgeladene Beziehungen zwischen geschiedenen Partnern bleiben zumeist bzw. zunächst stark negativ ausgeprägt; juristische Beziehungen bleiben über Sorge- und Umgangsrecht sowie Unterhaltsverpflichtungen, Erbrecht usw. bestehen, damit sind auch ökonomische Abhängigkeiten weiterhin gegeben; usw.

Dies alles berechtigt zu der Betrachtungsweise, daß sich das Familiensystem nicht auflöst, wohl aber in veränderter Form weiterbesteht. Das Reorganisationsmodell erfordert auch, prospektiv, zukunftsorientiert, die Scheidungsfamilie zu betrachten, auf künftige Entwicklungen hin und damit auf bestmögliche Bedingungen für die weitere Entwicklung der beteiligten Familienmitglieder. Eine möglichst wenig belastete, psychisch gesunde geschiedene Mutter ebenso wie ein möglichst unbelasteter, psychisch gesunder Vater und ein möglichst unbelasteter Zugang des Kindes zu beiden Eltern in einem „binuklearen Familiensystem", innerhalb dessen sich das Kind als Mitglied zweier Haushalte fühlen kann (Ricci, 1992), sind die beste Gewähr dafür, daß auch das Kind sich als psychisch gesundes, kompetentes Kind geschiedener Eltern entwickelt. Mit der Bewältigung dieser Veränderungen sind eine Reihe von Anforderungen an Erwachsene und Kinder in der Scheidungsfamilie verbunden, die sie mehr oder weniger gut erfüllen können. Ausschlaggebend kann dabei die Unterstützung der Familie aus dem sozialen Netz und aus dem Netz institutioneller Hilfe sein. Wenn man das Augenmerk bei der Entwicklung von Interventionsangeboten auf die ganze Familie einschließlich der umgebenden Systeme richtet, eröffnet sich eine sehr viel größere Bandbreite von Möglichkeiten der effektiven Hilfe, als wenn der Blickwinkel auf das Subsystem des sorgeberechtigten Elternteils mit dem Kind beschränkt bleibt.

So lassen sich aus der phasen- und prozeßorientierten Sichtweise präventive Unterstützungsangebote z. B. für Paare entwickeln, die noch vor der Trennung, in der Ambivalenzphase stehen, die in Richtung auf Vermeiden einer „Scheidungsillusion" gehen (Fthenakis, Niesel & Griebel, 1991; Niesel et al., 1989). Ferner ergibt sich zwingend die Aufgabe, weiterbestehende Konflikte zwischen den Eltern zu lösen und die Formen der Konfliktaustragung gegebenenfalls so zu beeinflussen, daß Kinder nicht in belastender Weise verwickelt werden oder bleiben. Der Einsatz friedlicher Strategien zur Lösung der Scheidungsfolgenregelung ist die logische Konsequenz aus dem Reorganisationsmodell, wozu z. B. Mediationsansätze gerechnet werden (Fthenakis, 1986; Niesel, 1991; Fthenakis et al., 1993). Insbesondere läßt sich die Förderung der Beziehung zwischen dem Kind und dem nichtsorgeberechtigten Elternteil als Interventionsziel ansehen (Fthenakis, 1991a).

Außerdem ermöglicht die genannte Betrachtungsweise, das Augenmerk auch auf die Kinder direkt zu richten, und zwar nicht (ausschließlich) in Form eines lediglich kindzentrierten klinisch-therapeutischen, sondern in Form eines familientherapeutischen Angebotes sowie auch im Zuge einer „Normalisierung" als Gruppenangebote für gleichaltrige Betroffene in schulischen Settings (Fthenakis et al., 1993; Griebel et al., 1991).

Schließlich lassen sich aus dieser Perspektive heraus Fortbildungsangebote für berufliche Helfer und Dienste entwickeln, die an Trennung/Scheidung von Familien beteiligt sind (Fthenakis et al., 1992). Nicht zuletzt sind die einschlägigen Vorschriften des § 16 KJHG im Sinne des Reorganisationsmodells zu verstehen (vgl. BT Drucksache 11/5948, S.58). Im Sinne des Kindeswohls sind solche Lösungen zu fördern, die möglichst viel gemeinsame Wahrnehmung der elterlichen Verantwortung, d. h. verantwortliche Beteiligung beider Eltern an der Erziehung der Kinder nach der Scheidung, beinhalten oder anstreben.

Vor diesem Hintergrund sollen neuere bundesdeutsche Forschungsergebnisse über Nachscheidungsfamilien, als „Alleinerziehende" verstanden, dargestellt und diskutiert werden.

8. Die Nachscheidungsfamilie: Neue empirische Befunde und Diskussion des binuklearen Familiensystems

Zunächst sei daran erinnert, daß unter Alleinerzieher-Familien sehr unterschiedliche Familienhintergründe zusammengefaßt werden: (a) Kinder, die mit ihrer ledigen Mutter zusammenleben, wobei diese entweder in einer nichtehelichen Lebensgemeinschaft mit dem Vater gelebt oder nie gelebt hat; (b) Kinder, die nach dem Tod eines Elternteils mit ihrer Mutter oder mit ihrem Vater alleine zusammenleben, (c) Kinder, die mit ihrer geschiedenen Mutter oder ihrem geschiedenen Vater zusammenleben, und Kinder, die mit ihren getrenntlebenden Vätern zusammenleben.

Eine aufgrund des Mikrozensus, einer amtlichen Repräsentativstatistik der Bevölkerung auf der 1%-Basis erstellten Übersicht, gibt einen Einblick in die Familienzugehörigkeit von Kindern unterschiedlicher Altersgruppen (Schwarz, 1989, S. 31). Je nach den spezifischen Bedingungen variieren auch die Lebensbedingungen der betroffenen Kinder.

Tabelle 1:

Familienzugehörigkeit der in den Jahren von 1967 bis 1971 Geborenen bis zur Volljährigkeit (Schwarz, 1989, S.31)

Von 1000 Kindern lebten im Alter von...Jahren

bei	bis zu 4	5-9	10-14	15-17
Ledigen Müttern	9	7	6	6
Verwitweten Müttern	8	14	23	34
Verwitweten Vätern	-	4	6	8
Geschiedenen Müttern	18	38	47	61
Geschiedenen Vätern	-	4	6	12
Verheirateten Müttern	5	5	14	14
Getrenntlebenden Vätern	-	-	4	5
Verheiratet zusammen-lebenden Eltern	954	929	894	859
davon bei : Stiefeltern (geschätzt)	40	60	110	150
davon bei: leiblichen Eltern (geschätzt)	914	869	784	709
Zusammen	1000	1000	1000	1000

1988 gab es in der Bundesrepublik 428.000 geschiedene und 148.000 getrenntlebende Eltern mit 598.000 bzw. 213.000 Kindern, zu denen jeweils ein zweiter Elternteil außerhalb des Haushaltes gehörte. Allein in den alten Bundesländern kommen infolge Scheidung jährlich etwa 65.000 Eltern hinzu, die nicht mehr mit ihren Kindern in einem Haushalt zusammenleben (Kunze, 1991). 1987 lebten etwa 50.000 Kinder in Haushalten mit nicht verheirateten Eltern (Schwarz, 1989); nicht gezählt sind speziell nichtsorgeberechtigte Väter, die nach der Auflösung der nichtehelichen Lebensgemeinschaft ebenfalls nicht mehr mit den Kindern zusammenleben. Nichtsorgeberechtigte Eltern sind in überwiegendem Maße Väter, die das Bild „nichtsorgeberechtigter Eltern" bestimmt haben; von den genannten 598.000 Kindern geschiedener Eltern 1988 lebten allerdings 70.000 bei geschiedenen Vätern, d. h. hatten eine Mutter, die nicht mehr mit ihnen zusammenlebte (Schwarz, 1989).

8.1 Situation alleinerziehender Eltern

Zumeist erhält nach einer Scheidung die Mutter die elterliche Sorge für die dann mit ihr zusammenlebenden Kinder. Die Lebenssituation dieser Gruppe von Ein-Eltern-Familien ist für die Bundesrepublik noch am besten dokumentiert. Vor allem, wenn die geschiedene Mutter kleine Kinder zu versorgen hat, wenn sie nicht erwerbstätig ist und auch keine gute Berufsausbildung besitzt, ergeben sich weitreichende Probleme (Glatzer & Zapf, 1984). Hinzu kommt, daß die nichtsorgeberechtigten Väter ihren Unterhaltsverpflichtungen nicht in ausreichendem Maße nachkommen (Napp-Peters, 1985). Auch dann, wenn die Väter regelmäßig und entsprechend der gerichtlichen Regelung zahlen, reicht dieser Beitrag oft nicht für den Lebensunterhalt aus. So kommt es, daß ein sehr hoher Anteil derjenigen Personen, die laufende Hilfe zum Lebensunterhalt bekommen, geschiedene Mütter mit kleineren Kindern sind. Beruflich hochqualifizierte, vollzeit erwerbstätige alleinerziehende Mütter sind weit besser in der Lage, für die Kinder günstige Rahmenbedingungen zu schaffen (Gutschmidt, 1986); die Probleme verlagern sich hier vom finanziellen und davon mitbetroffenen Wohnbereich sowie dem sozialen Bereich auf die Frage der verfügbaren Zeit der Mütter und der Fremdbetreuung der Kinder während der Abwesenheit der Mutter.

In einer neuen bundesdeutschen Untersuchung haben Rosemarie Nave-Herz und Dorothea Krüger (1992) Daten zur Lebenssituation und Lebensplanung alleinerziehender Mütter und Väter erhoben. Die Studie will zu Ursachen des Anstieges von Alleinerziehenden Aufschluß geben und den erheblichen Veränderungen in der Zusammensetzung der Gruppen alleinerziehender Mütter und Väter (ledig, verheiratet/getrenntlebend, geschieden, verwitwet) nachgehen.

Aus den Ergebnissen sollen hier nur solche referiert und kommentiert werden, die sich auf die Gruppe von Eltern beziehen, die nach einer Scheidung „alleinerziehend" sind – Anführungszeichen deswegen, weil die Studie in diesem Zusammenhang die Frage beantworten will, *wie* alleinerziehend diese Eltern tatsächlich sind. Dabei wurden alleinerziehende Mütter und Väter nach der Beteiligung des außerhalb lebenden Elternteils gefragt sowie nach derjenigen neuer Partner und nach Unterstützung aus dem sozialen Netz.

Immerhin ca. 300 *geschiedene* alleinerziehende Mütter und ca. 40 Väter, die geschieden oder getrenntlebend die Kinder allein erzogen, sandten ausgefüllte Fragebögen zurück. Zusätzlich wurden 10 alleinerziehende Väter und 60 alleinerziehende Mütter qualitativ interviewt.

Mit einer Reihe von Befunden konnten gängige Vorstellungen über die Lebensform der Alleinerzieherschaft widerlegt werden:

– Die geschiedenen Mütter hatten sich nicht für einen Lebensstil als Alleinerziehende, sondern gegen die bestehende Ehe entschieden, sofern diese Entscheidung nicht durch den Mann getroffen worden war.

– Väter hatten sich im Vergleich weniger oft freiwillig und rational entschieden, sondern waren als „Opfer" einer Entwicklung, die sie weder vorhergesehen noch intendiert hatten, in die Situation hineingeworfen worden.

Unter entscheidungstheoretischer Perspektive ließ sich damit die Ein-Eltern-Familie kaum als freiwillig gewählte und positiv bejahte neue Lebensform interpretieren. Dieser Befund ist wichtig vor dem Hintergrund der Diskussion um die Pluralisierung der Lebensformen, bei der es darum geht, inwieweit die Kernfamilie noch das führende familiale Modell in der Gesellschaft ist, bzw. welchen Stellenwert sogenannte „alternative" Lebensformen haben. Zu letzteren werden sehr häufig die Alleinerzieherfamilien gezählt in der Annahme, dieser Lebensstil würde dem Zusammenleben in einer festen Beziehung und Ehe vorgezogen.

- Die geschiedenen Mütter, die im Vergleich zu geschiedenen Vätern häufiger Säuglinge und Kleinkinder zu versorgen hatten, während Väter häufiger ältere Kinder versorgten, erlebten die Alleinverantwortung für sich und das Kind als belastend. Hinzu kam eine drastische Einschränkung des Lebensstandards, verbunden mit unterbrochener Berufskarriere.

- Fehlen des Partners auch wegen fehlender emotionaler Unterstützung wurde von den Müttern als Veränderung thematisiert, die mit dem Übergang zur Alleinerzieherschaft einhergegangen sei, nicht aber Probleme mit den Kindern, die sich aus der verringerten Verfügbarkeit des Vaters ergeben hätten.

- Positiv betont wurde die eigene Persönlichkeitsentwicklung. Die Mehrzahl gestaltete ihren Angaben zufolge ihr Leben aktiver als in der Zeit der Ehe, wo sie eigene Bedürfnisse zugunsten der Familie zurückgestellt hätten.

- Die geschiedenen Väter, die allerdings im Vergleich zu den geschiedenen Müttern häufiger ältere Kinder zu versorgen hatten, erlebten nach eigenen Angaben den Übergang in die Ein-Elter-Familie weniger als gravierende Veränderung, betont wurde lediglich die Umstrukturierung des Tageslaufs. Die Unterbringung der Kinder und die Verrichtung hauswirtschaftlicher Tätigkeiten mußten organisiert werden.

– Eine Berufsunterbrechung war für keinen der befragten Väter in Frage gekommen, einige hatten den Umfang der Erwerbstätigkeit eingeschränkt. Negativ wurde die Einengung persönlicher Freiräume bewertet, weil die Partnerin zur Entlastung fehlte. Positiv wurde die selbstbestimmte Alltagsgestaltung betrachtet. Die Mehrzahl beschrieb ihre Situation als „Gewinn" oder sogar „Befreiung". Hinzu kam Unterstützung durch bezahlte Helfer (im Haushalt). Die ökonomische Situation war generell besser und gesicherter als bei den Müttern.

– Im Gegensatz zu Befunden aus früheren Untersuchungen erlebten die nunmehr alleinerziehend lebenden geschiedenen Mütter sich im sozialen Umfeld nicht mehr als diskriminiert. Innerhalb des sozialen Netzes war für sie allerdings insofern eine Diskriminierung spürbar, als sich das Netz spaltete in solche Netzwerkmitglieder, die für sie selbst, und solche, die für den früheren Partner Partei nahmen. Die Mütter der befragten Frauen hatten teilweise negativ auf die Trennung in der Familie reagiert. Allerdings wurde die soziale Lage als Alleinerzieher insofern als diskriminierend erlebt, als sie mit steuerlichen, rechtlichen, wohnungsmäßigen Benachteiligungen verbunden war.

– Alleinerzieherschaft erschien im Lichte der Zukunftsvorstellungen der Befragten auch nicht mehr als eine reine Übergangsphase zur nächsten Partnerschaft; viele waren unentschlossen, wollten vor allem eine neue Ehe nicht mehr eingehen. Unter den Gründen für eine gewünschte neue Partnerschaft rangierte derjenige nach einem Ersatzvater bzw. einer Ersatzmutter für die Kinder ziemlich weit hinten und wurde von weniger als 15 % der Frauen und Männer genannt. Gewünschte zukünftige Lebensform war bei den alleinerziehenden Müttern am häufigsten eine informelle Zweisamkeit mit getrennten Wohnungen, mit mehr eigener Unabhängigkeit bei vermehrt nichttraditionell-gleichberechtigtem Verhalten der Partner. Wunsch und soziale Realität klafften bei befragten Alleinerziehenden auseinander, weil die Lebensform des „Living Apart Together", der Lebensgemeinschaft mit getrennten

Wohnungen, bei uns noch nicht verbreitet ist. Zudem mangelte es auch aus der Sicht der befragten Frauen an entsprechenden Partnern. Resignativ versuchten sie, ihre jetzige Lebensform gegenüber anderen ins positive Licht zu rücken.

Es konnten mithin einige gängige Vorstellungen über Alleinerzieherfamilien korrigiert werden.

8.2   Zum Konzept des binuklearen Familiensystems

Rosemarie Nave-Herz und Dorothea Krüger wollen aber auch unter systemtheoretischer Perspektive die Frage beantworten, ob sich die Beziehungen der Familie nach der Scheidung als ein binukleares Familiensystem, gewissermaßen eine „Kernfamilie mit zwei Kernen" im Sinne von Constance Ahrons (1979) kennzeichnen lassen.

– Eine Betrachtung von Einkommen (einschließlich Unterhaltsleistungen durch den außerhalb lebenden früheren Partner), Erwerbstätigkeit, Zusammensetzung des Haushaltes, empfangene Hilfeleistungen durch Andere und Hilfspersonen in besonderen Situationen (bei den beiden letzten Fragen fehlt unter den vorgegebenen Antwortkategorien merkwürdigerweise der ehemalige Partner bzw. die ehemalige Partnerin!) zeigte ein Familiensystem der Alleinerzieherfamilie als Haushalts- und Wirtschaftseinheit mit relativ klaren Grenzen nach außen.

– Bei der Frage nach Beschäftigung bzw. Versorgung des Kindes durch den Elternteil ohne dauernde Erziehungsverantwortung wurde von den alleinerziehenden Müttern über etwa jeweils ein Drittel der geschiedenen Väter (insgesamt 414) gesagt, sie kümmerten sich (a) gar nicht, (b) selten bzw. ganz unregelmäßig, (c) regelmäßig um die gemeinsamen Kinder. Von den (64) geschiedenen Müttern kümmerten sich nach Angaben der Väter 31,3 % gar nicht, 39,1 % selten bzw. ganz unregelmäßig und 29,7 % regelmäßig.

– Bei der Frage nach der Art der Beschäftigung mit den Kindern wurde über (270) geschiedene Väter berichtet, daß 90 % mit den Kindern spielten, 87 % außerhalb des Hauses mit den Kindern spazierengingen, Sport trieben u.ä., 86 % Großeltern besuchten, 82 % fernsahen, gut die Hälfte Aufgaben der Alltagsversorgung übernahmen, 48 % mit den Kindern in den Urlaub fuhren und 12,8 % bei den Hausaufgaben halfen.

– Die Beschäftigung des außerhalb lebenden Elternteils mit dem Kind wurde von etwa 40 % der alleinerziehenden Mütter und einem Drittel der alleinerziehenden Väter als Entlastung empfunden, von fast einem Viertel der Mütter und fast einem Drittel der Väter dagegen als zusätzliche Belastung.

– Die geschätzte Qualität der Beziehung zwischen dem Elternteil ohne dauernde Erziehungsverantwortung und dem Kind wurde von den Müttern für 47,9 % der Väter als sehr gut bis gut, 35 % als mäßig bis eher schlecht und für 17,1 % als sehr schlecht bezeichnet.

– Für 62 abwesende Mütter wurde von 41,9 % eine gute bis sehr gute Beziehung zum Kind geschätzt, für 38,7 % eine mäßige bis eher schlechte und für 19,4 % eine sehr schlechte Beziehung. Wenn hier tendenziell die Beziehung zur abwesenden Mutter als schlechter eingeschätzt wird als die Beziehung zum abwesenden Vater, so ist auf die meist besondere Problematik von Familien, in denen Väter das Sorgerecht für Kinder erhalten, ebenso hinzuweisen wie auf „verurteilende" Tendenzen bei der Bewertung nicht den Klischees entsprechende Rollen, hier von Müttern, die nicht die Sorge für die Kinder innehaben.

Angesichts der geringen Beteiligung an der Alltagsversorgung und der zeitlichen Kontaktmuster zwischen außerhalb lebendem Elternteil und Kind erschien den Autorinnen die Bezeichnung „Freizeit-Vater" bzw. „Freizeit-Mütter" gerechtfertigt.

Die Ergebnisse werden dahingehend interpretiert, daß die These Ahrons (1979), nach der Scheidung bilde sich ein binukleares Familiensystem, als widerlegt gelten müsse. Eine Beziehung des Kindes zum getrenntlebenden Elternteil sei zwar überwiegend gegeben, aber seine Integration in den zweiten Haushalt – wie es das Konzept von Ahrons vorsehe – sei aufgrund der Art der gemeinsamen Beschäftigungen und ihres Häufigkeitsgrads nicht in dem Maße gegeben, daß diese Bezeichnung gerechtfertigt wäre.

Die zitierte Autorin Ahrons (1979, S. 500) bestimmt aber weder das Ausmaß, in dem sich Kinder nach der elterlichen Scheidung im mütterlichen und im väterlichen Haushalt aufhalten und dort gemeinsame Beschäftigungen unternehmen, noch legt sie eine Beziehungsqualität des Kindes zu seinen beiden Eltern fest, aufgrund der dann entschieden werden kann, ob ein binukleares Familiensystem vorliegt oder nicht.

Vielmehr heißt es dort (Ahrons, 1979, S. 500, übersetzt von W. G.): „Die Reorganisation der Kernfamilie nach der Scheidung führt häufig zur Etablierung von zwei Haushalten, dem mütterlichen und dem väterlichen. Diese beiden miteinander verbundenen Haushalte, oder Kerne der Orientierungsfamilie des Kindes, bilden ein binukleares Familiensystem. Die Zentralität jedes dieser Haushalte variiert zwischen den Nachscheidungsfamilien. Einige Familien nehmen eine sehr distinktive Trennung zwischen dem primären und dem sekundären Heim des Kindes vor, bei anderen Familien werden diese Unterschiede verwischt, und beide Haushalte haben primäre Wichtigkeit. Der Begriff „binukleare Familie" bezeichnet daher ein Familiensystem mit zwei Kernhaushalten, unabhängig davon, ob diese Haushalte eine gleiche Bedeutung in der Lebenserfahrung des Kindes haben."

Eine Integration in dem Sinne, wie die Autorinnen der empirischen Studie voraussetzen, wird also von der zitierten Autorin nicht vorausgesetzt, und ihre Interpretation der Ergebnisse erscheint vor diesem Hintergrund als willkürlich.

Das Hauptproblem bei der vorgenommenen Interpretation der Ergebnisse ist, daß Aussagen über Familiensysteme gemacht werden, die ausschließlich auf Informationen von jeweils einem Familienmitglied beruhen.

Nun unterscheiden sich schon bei Befragungen über die Arbeitsteilung im Haushalt die Aussagen von Frauen und Männern, beide mit der Tendenz, die eigenen Anteile höher und die des anderen niedriger einzuschätzen, als dies jeweils der Partner oder die Partnerin tut (Griebel, 1991a).

9. Unterschiedliche Perspektiven von Sorgeberechtigtem, Nichtsorgeberechtigtem und Kind

Gerade dann, wenn das Familiensystem sich infolge einer Trennung/Scheidung verändert, sind aber in aller Regel sehr unterschiedliche Sichtweisen der Beteiligten festzustellen (M. Hetherington spricht von *„her* divorce and *his* divorce"). Auch in der Stichprobe von Furstenberg & Spanier (1984) unterschieden sich die Berichte sorgeberechtigter Eltern einerseits und umgangsberechtigter Eltern andererseits hinsichtlich Kontakthäufigkeit mit den Kindern, Qualität der Beziehung zwischen Elternteil und Kind und Wahrnehmung elterlicher Verantwortung deutlich, jeweils mit der Tendenz, in diesen Bereichen für sich selbst günstigere, für den früheren Partner ungünstigere Einschätzungen abzugeben. Soviel zur unterschiedlichen Sichtweise der erwachsenen (Ex-)Partner. Besonders deutlich lassen sich aber unterschiedliche Perspektiven der sorgeberechtigten und nichtsorgeberechtigten Eltern in Bezug auf das Erleben kindlichen Verhaltens zeigen, wenn kindliche Reaktionen beim Wechsel von einem Haushalt beurteilt werden, wie die nebenstehende Tabelle zeigt (Griebel, 1991b).

Es leuchtet ein, daß sich die Perspektive des Kindes hierbei bestenfalls mit der Perspektive eines Elternteils decken kann, und in der Praxis erweisen sich sogar die Fälle, in denen die Äußerungen des Kindes völlig denen eines Elternteils entsprechen, als oft problematische Fälle (Allianzbildung mit Delegaten oder Dressaten in kindlichen Äußerungen; vgl. Lempp et al., 1987).

Entscheidende Perspektive bei der von Ahrons vorgeschlagenen Definition der binuklearen Nachscheidungsfamilie ist aber die Perspektive des *Kindes*, um dessen „Orientierungsfamilie" es geht – die aber wurde von Nave-Herz und Krüger nicht und schon gar nicht vom Kind selbst erfragt.

Eltern mit Sorgerecht	Eltern mit Umgangsrecht
1. Die Ängstlichkeit des Kindes hinsichtlich der Besuche beim anderen Efternteil, sein Nicht-Gehen-Wollen und seine Weigerungsversuche sind zurückzuführen auf:	
Angst, Nicht-Wollen des Umgangs bzw. Nicht-Mögen des anderen Elternteils, Ärger mit dem umgangsberechtigten Elternteil	Beeinflussung durch den anderen Elternteil oder Bedürfnis des Kindes, sich das Wohlwollen des sorgeberechtigten Elternteils zu erhalten
2. Die freudige Bereitschaft des Kindes, mit dem nichtsorgeberechtigten Elternteil mitzugehen, ist zurückzuführen auf:	
Bestechung, Versprechungen und Verwöhnung durch den Umgangsberechtigten	Starken Wunsch des Kindes, den Umgangsberechtigten zu sehen und von dem Sorgeberechtigten wegzukommen
3. Feindseligkeit und abweisendes Verhalten des Kindes gegenüber dem Umgangsberechtigten bei Besuchen ist zurückzuführen auf:	
Angst oder Ablehnung gegenber dem Umgangsberechtigten oder Ärger mit ihm	Beeinflussung durch den Sorgeberechtigten
4. Daß die Kinder sich vom umgangsberechtigten Elternteil nach Besuchen nicht trennen wollen, ist zurückzuführen auf:	
Bestechung und Verwöhnung durch den Umgangsberechtigten	Liebe zum Umgangsberechtigten und Wunsch, bei ihm zu bleiben
5. Abweisendes Verhalten des Kindes, Feindseligkeit, Schlafstörungen usw. nach Rückkehr von den Besuchen sind zurückzuführen auf:	
Beeinflussung und Bestechung durch den Umgangsberechtigten	Ablehnung oder Angst des Kindes hinsichtlich des Sorgeberechtigten oder Angst vor Beschuldigung seitens des Sorgeberechtigten, weil sich das Kind anläßlich seiner Besuche gefreut hat
6. Eine Beseitigung oder Aufhebung dieser Schwierigkeiten wäre möglich durch:	
Einschränkung oder Aussetzung des Umgangs	Übernahme der elterlichen Sorge

Nachdenklich stimmt ein Befund über die unterschiedlichen Sichtweisen von Erwachsenen und Kindern in geschiedenen Familien: In einer national repräsentativen Stichprobe von Kindern im Alter von 7-11 Jahren in den USA wurde bei denjenigen Kindern, die nach der Scheidung und einer erneuten Eheschließung des sorgeberechtigten Elternteils in einer Stieffamilie lebten, gefragt, wer zur Familie gehöre. 100 % der Kinder nannten den sorgeberechtigten Elternteil und 70 % den Stiefelternteil, mit denen sie in einem Haushalt lebten, und noch 50 % nannten den außerhalb lebenden leiblichen Elternteil. Dabei waren die Kontakte zu diesem eher selten; ein Teil der Kinder hatte ihn 5 Jahre und länger nicht mehr gesehen. Von den befragten Erwachsenen nannten dagegen nur 5 % den außerhalb lebenden zweiten Elternteil des Kindes als zur Familie gehörig (Furstenberg & Nord, 1985).

Im Allgemeinen hat man nach der Scheidung mit grundsätzlich unterschiedlichen Verhaltenstendenzen im Familiensystem zu rechnen: Während die geschiedenen Erwachsenen sich bemühen, zukünftige Begegnungen zu vermeiden, haben Kinder die Tendenz, die Beziehungen zu beiden Eltern aufrechtzuerhalten (Furstenberg, 1987).

9.1 Wunsch der Kinder nach fortgesetzten Beziehungen zu beiden Eltern

Konsistent über mehrere Untersuchungen hinweg berichteten Kinder, daß sie Kontakt mit ihren geschiedenen Vätern wünschten (Hetherington et al., 1982; Laiken, 1981; Santrock et al., 1982; Tessman, 1981; Wallerstein & Kelly, 1980). Kinder wollen auch bei fortgesetzten Konflikten zwischen den Eltern und ernsten Belastungen für sie selbst fortgesetzte Beziehungen zum Elternteil, bei dem sie nicht überwiegend leben (Johnston et al., 1985). Dennoch ist der Ausdruck des Wunsches, den anderen Elternteil sehen zu wollen, vielfach beeinflußt. Abgesehen von belastenden Modalitäten des Umgangs selbst können altersspezifische Interessen diesen Wunsch moderieren (für Adoleszenten beschrieben von Springer & Wallerstein, 1983), ebenso wie auch alterspezifische Präferenzen für den einen oder anderen Elternteil mitspielen können, wie sie auch aus der normalen Entwicklung familialer Beziehungen in nicht geschiedenen Familien bekannt sind (zusammenfassend Fthenakis, 1988a, Kap. 8). Beeinflussungen kindlicher Äußerungen sind auch im Rahmen von richterlichen Anhörungen beschrieben worden (Lempp et al., 1987). Geschiedene Eltern aber brauchen Unterstützung beim Akzeptieren der Tatsache, daß wechselnde Bedürfnisse der Kinder nach Nähe zum einen oder anderen Elternteil normal sind (Fthenakis, 1991a; Hodges, 1991).

Außer „ihrer" und „seiner" Sicht von der Scheidung müßte also auch noch die Scheidung aus der Sicht des Kindes erfaßt werden, um ein vollständiges Bild der Realitäten in der Nachscheidungsfamilie zu erhalten. In der systemischen familientherapeutischen Arbeit besteht die Aufgabe darin, die unterschiedlichen Perspektiven der Familienmitglieder wieder auf einen Nenner zu bringen, eine „gemeinsame Definition von Wirklichkeit" herzustellen (Welter-Enderlin, 1988). Dazu wird „zirkulär" gefragt: Was würde Ihr ehemaliger Partner zur selben Frage sagen? Was würde das Kind auf dieselbe Frage antworten?

Vermieden werden muß bei der Beschreibung der Nachscheidungsfamilie, daß eine Darstellung aus der subjektiven Sicht eines Partners herangezogen und verallgemeinert wird. Sonst ließe sich ein systematischer Fehler in der Einschätzung nicht ausschließen: Eine mögliche Unterschätzung der Beziehung des Kindes zum anderen Elternteil, in der Unterschätzung der Bedeutung auch von als Freizeitaktivitäten abqualifizierter gemeinsamer Beschäftigung von Kind und Elternteil. In der Interessenforschung beginnt man dagegen, sich mit den sachbezogenen Beziehungsaspekten zwischen Kind und nicht-sorgeberechtigtem Elternteil zu beschäftigen (Minsel et al., 1989), und der Befund, daß Väter mit ihren Kindern eher Freizeitaktivitäten unternehmen, ist auch von nicht geschiedenen Familien bekannt. Niemand würde aber auf die Idee kommen, daß dies der Beziehung des Kindes zum Vater abträglich wäre und daß in der gemeinsamen Beschäftigung kein Förderpotential für die Entwicklung des Kindes läge.

10. Die Bedeutung des Nichtsorgeberechtigten richtig einschätzen: Befunde aus der Interessenforschung

Neben Merkmalen von Eltern-Kind-Beziehungen, die sich über die Kommunikation zwischen ihnen beschreiben lassen, haben gemeinsame über Gegenstände, Interessen, Themen vermittelte Interaktionen zwischen Eltern und Kindern von Anfang an eine wichtige Funktion beim Aufbau von Beziehungen; über die gesamte Lebensspanne hinweg behält das über Gegenstände einschließlich gemeinsamer Interessen veranlaßte gemeinsame Handeln seine Bedeutung für soziale Beziehungen (vgl. zusammenfassend Minsel et al., 1989).

Wenn sich mit einer Trennung/Scheidung die Rahmenbedingungen für die Beziehung zwischen Kind und dem nicht mehr ständig mit ihm zusammenlebenden Elternteil verändern, gewinnen gemeinsame Interessen eine besondere Bedeutung dafür, wie die Beziehung inhaltlich gestaltet wird. Es zeigt sich an der gemeinsamen Beschäftigung auch, welche Qualität die Beziehung hat und wie sie sich weiter entwickelt.

Wie die Beziehung zwischen Kind und nichtsorgeberechtigtem Elternteil sich weiter entwickelt, wird nicht nur durch die Zeit der Betreuung, die Art der Beaufsichtigung und der Versorgung bestimmt, die der Elternteil dem Kind angedeihen läßt. Vielmehr sind es die gemeinsamen Beschäftigungen, die für beide attraktiv sind, Hobbies, Sport, Musik, allgemein Interessen- und Wissensgebiete, über die sie sprechen, ihre Erfahrungen austauschen und die sie gemeinsam betreiben.

Interessen vor allem der Kinder ändern sich alters- und entwicklungsbedingt; das hängt nicht nur mit erweitertem Gesichtskreis etwa durch Schulbesuch und Medienkonsum zusammen, sondern auch mit der größeren Bedeutung, die Gleichaltrigenbeziehungen für die Kinder gewinnen. Gerade dann, wenn Eltern das alltägliche Tun ihrer Kinder nicht im ständigen Zusammenleben erfahren, wird es wichtig, für die kindlichen Interessen aufmerksam und darüber informiert zu bleiben.

Bei Wiederbegegnungen zwischen nichtsorgeberechtigten Vätern und ihren Kindern nach längerer Trennung ist es nicht selten, daß sowohl bei mitgebrachten Spielsachen als Geschenken als auch bei den Spielangeboten die Väter zunächst versuchen, sozusagen dort anzufangen, wo sie aufgehört haben.

Für die Aufrechterhaltung und weitere Entwicklung der Beziehung aber ist es sowohl wichtig, bestehende gemeinsame Interessen zu pflegen, als auch neue zu entwickeln. Wenn nach der Scheidung Kind und Elternteil ihre Interessen aufeinanderabstimmen können und ihre Interaktionen darüber gestalten können, ist zu erwarten, daß ihre Beziehung befriedigend und stabil bleibt (sofern nicht andere Komplikationen auftreten). Zur Abstimmung der Interessenlagen gehört auch, daß der Elternteil dem Kind Raum für Initiativen gibt und es selbst Angebote entwickelt. Wenn Angebote des Kindes angenommen werden und beim Elternteil Interesse erwecken, fördert dies das Selbstwertgefühl des Kindes. In aller Regel ist interessengeleitete Beschäftigung zudem mit Erweiterung von Kompetenzen, von Wissen und Geschicklichkeit, verbunden und enthält ein Förderpotential für die Beteiligten.

In der Pflege gemeinsamer Interessen können sich in der Familie „Arbeitsteilungen" insofern ergeben, als Mutter, Vater, ältere bzw. jüngere Töchter bzw. Söhne jeweils in unterschiedlichen Konstellationen gemeinsam geschätzten Beschäftigungen nachgehen. In einigen Fällen werden gemeinsame Beschäftigungen erklärtermaßen zu Abgrenzungen genutzt und zur Akzentuierung von individuellen Beziehungen: Es geht um eine Gemeinsamkeit, die gerade mit dem einen Elternteil und nicht mit dem anderen gepflegt wird. Für Stieffamilien speziell, in denen außer z. B. dem Vater der Stiefvater ebenfalls als männliche erwachsene Bezugsperson verfügbar ist, wird empfohlen, in den Beschäftigungen mit den Kindern nicht zu konkurrieren oder zu rivalisieren, sondern jeweils eigene Interessen zu entwickeln. Schließlich ist die Erschließung weiterer sozialer Interaktionen und Ressourcen möglich, wenn andere Partner hinzukommen, die Interessen teilen. Wenn keine zusätzlichen Komplikationen dem entgegenstehen, kann also auch in der genannten Konstellation von Vater und

Stiefvater die Pflege gemeinsamer Interessen mit den Kindern integrativ wirken.

Wenn die gemeinsame Beschäftigung sich an Interessen orientiert, die für das Kind nicht mehr altersgemäß oder nicht mehr der aktuellen Interessenlage entsprechend oder einseitig an Wünschen eines Interaktionspartners orientiert sind, besteht das Risiko, daß die Beziehung nicht mehr als anregend und zufriedenstellend, sondern als langweilig und erzwungen erlebt wird und sich längerfristig verschlechtert. Erste Ergebnisse aus Interviews, die mit nichtsorgeberechtigten Vätern durchgeführt wurden, bestätigen diese hier angedeuteten Zusammenhänge (Minsel et al., 1989).

Die Interessenforschung läßt enge Zusammenhänge mit der Entwicklung von Identität bei Kindern erkennen. Kinder entwickeln ihre Identität über zentrale Definitionsräume (Alter, Geschlecht), zu denen dann auch eigene Kompetenzen und Interessengebiete kommen (man vergleiche z. B. die Selbstbeschreibungen von Kindern bei der Suche nach Brieffreundschaften).

Schluß

Wenn mit dem Begriff Reorganisation die Befürchtung verknüpft wird, die Scheidung werde letztlich bagatellisiert und erleichtert, oder mit der Betonung der Bedeutung des nichtsorgeberechtigten Elternteils, dem Reorganisationskonzept liege letztlich und lediglich eine biologistische oder konservativ-klerikal inspirierte Betrachtungsweise zugrunde, und bei der Betonung auf der Entwicklung von unterstützenden Angeboten handle es sich um die elterliche Autonomie untergrabende Zwangsberatung, so sei darauf hingewiesen, daß nicht die Scheidung per se, sondern die belastenden Umstände des familialen Zusammenlebens teilweise lange vor der Scheidung die entscheidende Bedingung dafür sind, daß Kinder langanhaltende Verhaltensauffälligkeiten entwickeln. Tatsächlich muß dann, wenn diesen Familien mit chronischen innerfamilialen Konflikten nicht anders geholfen werden kann, eine Entscheidung zur Trennung akzeptiert werden. Es muß dann in der Folge erwogen werden, wie Konflikte so reduziert werden können, daß den Kindern eher fördernde Bedingungen für ihre Entwicklung geschaffen werden. Und ebenfalls im Sinne fördernder Bedingungen für die weitere Lebensgestaltung der Kinder ist zu überlegen, wie ihre Beziehungen zu beiden Eltern aufrechterhalten und entwicklungsfähig gehalten werden. Dazu gilt es, gezielte und geeignete Hilfen zu entwerfen. Schließlich ist für belastete Familien außerhalb des Reorganisationsansatzes noch kein Interventionskonzept vorgelegt worden, mit dem Scheidungen hätten verhindert oder gar überflüssig gemacht werden können. Wir gehen davon aus, daß die Menschen, die in den vergangenen Jahren in steigendem Maße Partnerbeziehungen, die ihnen aus unterschiedlichen Gründen unerträglich erschienen beenden wollten bzw. beendeten, letztlich ihr Leben und das ihrer Kinder zu verbessern beabsichtigten. Diese Menschen pauschal als egoistische Versager zu verurteilen, mag ideologisch befriedigend sein, führt aber weder zu einem theoretischen Ansatz des Verständnisses von Ehescheidung, der das Phänomen angemessen beschreiben läßt, noch werden der Praxis für die Unterstützung von Familien weiterführende Anregungen geboten.

Anmerkungen

1 Die Befunde aus den USA dürften dennoch nicht ohne weiteres auf die Bundesrepublik übertragbar sein; man halte sich vor Augen, daß bei der Stichprobe von Koch & Lowery (1983) die durchschnittliche Entfernung zwischen Wohnsitz des Kindes und des umgangberechtigten Elternteils 300 Meilen betrug.

2 Bejahend für Scheidungsgründe und Initiator der Scheidung: Hodges et al., 1985; verneinend: Furstenberg, 1983; bejahend für Alter des Kindes: Wallerstein & Kelly, 1980; bejahend für Geschlecht des Kindes: Hess & Camara, 1979; Hetherington, 1979 und Wallerstein & Kelly, 1980; verneinend: Furstenberg, 1983; verneinend für Zusammenhänge zwischen Merkmalen des Kindes und Ausmaß von Kontakten nach der Scheidung: Furstenberg et al. 1983; Koch & Lowery 1984, Tepp 1984; kein Zusammenhang mit Beteiligung des Vaters vor der Scheidung: Hetherington, 1979. Zum Zusammenhang zwischen Wiederheirat und abnehmender Kontakthäufigkeit s.o.

Literatur

Ahrons, C.R.: The binuclear family. Alternative Lifestyles 2 (1979), 499 - 515

Ambrose, P., Harper, J. & Pemberton, R.: Surviving divorce: Men beyond marriage. Totowa, NJ: Rowman & Allanheld 1983

Anderson-Khleif, S.: Divorced but not disastrous. Englewood Cliffs, NJ: Prentice-Hall 1982

Balloff, R.: Kinder vor Gericht. Opfer, Täter, Zeugen. München: Beck 1992

Balloff, R. & Walter, E.: Gemeinsame elterliche Sorge als Regelfall? Einige theoretische und empirische Grundannahmen. Zeitschrift für das Gesamte Familienrecht 37 (1990), 445 - 454

Balloff, R. & Walter, E. : Gemeinsame elterliche Sorge - ein anzustrebender Regelfall? Report Psychologie März 1991, 16 - 21 (a)

Balloff, R. & Walter, E.: Reaktionen der Kinder auf die Scheidung der Eltern bei alleiniger oder gemeinsamer elterlicher Sorge. Psychologie in Erziehung und Unterricht 38 (1991), 81 - 95 (b)

Balloff, R. & Walter, E.: Reaktionen der Kinder auf die Scheidung der Eltern bei alleiniger oder gemeinsamer elterlicher Sorge. Psychologie in Erziehung und Unterricht 38 (1991), 81 - 95

Bloom, B.L., Hodges, W.F., Kern, M.B. et al.: A preventive intervention program for the newly separated: Final evaluations. American Journal of Orthopsychiatry 55 (1985), 9 - 26

Bohannan, P.: All the happy families. New York: McGraw-Hill 1985

Bowman, M. & Ahrons, C.B.: Impact of legal custody status on father's parenting postdivorce. Journal of Marriage and the Family 47 (1985), 483 - 488

Brand, E., Clingempeel, W.E. & Bowen-Woodwark, K.: Family relationships and children's psychological adjustment in stepmother and stepfather families: Findings and conclusions from the Philadelphia Stepfamily Research Project. In: Hetherington, E.M. & Arasteh, J.D. (Eds.): Impact of divorce, single-parenting, and stepparenting on children. Hillsdale, NJ: Erlbaum 1988, 299 - 324

Camara, K.A. & Resnick, G.: Interparental conflict and cooperation: Factors moderating child's post-divorce adjustment. In: Hetherington, E.M. & Arasteh, J.D. (Eds.): Impact of divorce, single-parenting, and stepparenting on children. Hillsdale NJ: Erlbaum 1988, 169 -196

Clark, S.C., Whitney, R.A. & Beck, J.C.: Discrepancies between custodial awards and custodial practices: De jure and de facto custody. Journal of Divorce 11 (1988), 219 - 229

Dudley, J.R.: Increasing our understanding of divorced fathers who have infrequent contact with their children. Family Relations 40 (1991), 279 - 285

Francke, L.B.: Growing up divorced. New York: Simon & Schuster 1983

Fthenakis, W.E.: Interventionsansätze während und nach der Scheidung. Eine systemtheoretische Betrachtung. Archiv für Wissenschaft und Praxis der sozialen Arbeit 24 (1986), 174 - 201

Fthenakis, W.E.: Der Vater als sorge- und umgangsberechtigter Elternteil. In: Remschmidt, H. (Hrsg.): Psychiatrie und Familienrecht. Stuttgart: Enke 1984, 55 - 91 (a)

Fthenakis, W.E.: Gemeinsame elterliche Sorge nach der Scheidung. In: Remschmidt, H. (Hrsg.): Psychiatrie und Familienrecht. Stuttgart: Enke 1984, 36 - 54 (b)

Fthenakis, W.E.: Väter. Band 1 und 2. München: dtv, 2. Aufl., 1988

Fthenakis, W.E. (Hrsg.): 5 Jahre gemeinsame elterliche Sorge nach der Scheidung. Bericht über das Symposium in München am 3.11.1987 im Staatsinstitut für Frühpädagogik und Familienforschung. München: IFP 1989

Fthenakis, W.E. (Hrsg.): Mehr Zeit für Kinder – auch nach Trennung und Scheidung. Nichtsorgeberechtigte Väter und Mütter und die Beziehung zu ihren Kindern. Bamberg: Meisenbach 1991 (a)

Fthenakis, W.E.: Scheidung als familialer Reorganisationsprozeß. Positionsreferat, gehalten im Rahmen der 10.Tagung für Entwicklungspsychologie am 23.09.1991 in der Universität zu Köln (b)

Fthenakis, W.E.: Kindliche Reaktionen auf Trennung und Scheidung. In: Markefka, M. & Nauck, B. (Hrsg.): Handbuch der Kindheitsforschung. Neuwied: Luchterhand 1993, 601 - 615

Fthenakis, W.E.: Veränderungen im Bereich der Familie infolge der Entwicklungen der modernen Gesellschaft. In: Rauscher, A. (Hrsg.): Die gesellschaftliche Verantwortung der Kirche. Donauwörth: Auer 1992, 161 -178

Fthenakis, W.E. & Kunze, H.-R. (Hrsg.): Trennung und Scheidung – Familie am Ende? Neue Anforderungen an die beteiligten Institutionen. Dokumentation zum Symposium in Kassel am 10. und 11. Dezember 1991. Grafschaft: Vektor 1992 (a)

Fthenakis, W.E. & Kunze, H.-R.: Trennung und Scheidung und ihre Bedeutung für das Familiensystem. Heft 30 der Schriften Allgemeinen Inhalts des Deutschen Vereins für Öffentliche und Private Fürsorge (Hrsg.): Trennungs- und Scheidungsberatung durch die Jugendhilfe – Klärung der Rolle öffentlicher und freier Träger. Frankfurt/M.: Deutscher Verein – 1992, 39 - 61 (b)

Fthenakis, W.E. & Oberndorfer, R.: Alleinerziehende Väter – eine zu vernachlässigende Minderheit? In: Riess, R. & Fiedler, K. (Hrsg.): Die verletzlichen Jahre. Ein Handbuch zur Beratung und Seelsorge an Kindern und Jugendlichen. Gütersloh: Gütersloher V.-H./VVA 1993.

Fthenakis, W.E., Kunze, H.-R., Griebel, W. & Oberndorfer, R.: Gemeinsame elterliche Sorge nach Trennung und Scheidung. In: (Österreichisches) Bundesministerium für Umwelt, Jugend und Familie (Hrsg.): Dokumentation des Symposiums „Die gemeinsame elterliche Sorge nach Scheidung oder Trennung" vom 28.Juni 1990 in Wien (ohne Seitenzählung).

Fthenakis, W.E., Niesel, R. & Griebel, W.: Interventionsansätze zur Ehescheidung: Systematisierung, Evaluation, Interventionsziele. Zeitschrift für Familienforschung 3 (1991), 52 - 61

Fthenakis, W.E., Griebel, W., Kunze, H.-R., Niesel, R. & Oberndorfer, R.: Reorganisation familialer Beziehungen bei Trennung und Scheidung – Eine veränderte Sichtweise des Scheidungs- und Nachscheidungsgeschehens. In: Fthenakis, W.E. & Kunze, H.-R. (Hrsg.): Trennung und Scheidung – Familie am Ende? Dokumentation zum Symposium in Kassel am 10. und 11.12.1991. Grafschaft: Vektor 1992, 12 - 28

Fthenakis, W.E., Niesel, R. & Griebel, W.: Scheidung als Reorganisationsprozeß. Interventionsansätze für Kinder und Eltern. In: Menne, K., Schilling, H. & Weber, M. (Hrsg.):

Kinder im Scheidungskonflikt. Beratung von Kindern und Eltern bei Trennung und Scheidung. Weinheim: Juventa 1993, 261 - 289

Furstenberg, F.F., Jr.: Conjugal succession: Reentering marriage after divorce. In: Baltes, P.B. & Brim, O.G., Jr. (Eds.): Lifespan development and behavior. Vol.4. New York: Academic Press 1982, 107 -146

Furstenberg, F.F., Jr.: Marital disruption and childcare. Philadelphia: Institute for Educational Leadership, Family Impact Seminar, 1983

Furstenberg, F.F., Jr.: Fortsetzungsehen. Ein neues Lebensmuster und seine Folgen. Soziale Welt 38 (1987), 29 - 39

Furstenberg, F.F., Jr.: Child care after divorce and remarriage. In: Hetherington, E.M. & Arasteh, J.D. (Eds.): Impact of divorce, single-parenting, and stepparenting on children. Hillsdale, NJ: Erlbaum 1988, 245 - 261

Furstenberg, F.F., Jr., & Spanier, G.: Recycling the family: Remarriage after divorce: Beverly Hills: Sage 1984

Furstenberg, F.F., Jr., Nord, C.W., Peterson, J.L. & Zill, N.: The life course of children of divorce: Marital disruption and parental contact. American Sociological Review 8 (1983), 656 -668

Furstenberg, F.F., Jr., Morgan, S.P. & Allison, P.D.: Paternal participation and children's well-being after marital dissolution. American Sociological Review 52 (1987), 695 - 701

Furstenberg, F.F., Jr., & Nord, C.W.: Parenting apart: Patterns of childrearing after divorce. Journal of Marriage and the Family 47 (1985), 893 - 904.

Glatzer, W. & Zapf (Hrsg.): Lebensqualität in der Bundesrepublik. Objektive Lebensbedingungen und subjektives Wohlbefinden. Frankfurt/Main: Campus 1984

Goldstein, J., Freud, A. & Solnit, A.J.: Jenseits des Kindeswohls. Frankfurt: Suhrkamp 1974

Goldstein, J., Freud, A. & Solnit, A.J.: Diesseits des Kindeswohls. Frankfurt: Suhrkamp 1982

Goldstein, S.: Divorced parenting. New York: Dutton 1982

Goode, W.J.: After divorce. Glencove IL: Free Press 1956

Greif, J.B. & Simring, S.K.: Remarriage and joint custody. Conciliation Courts Review 20 (1982), 9 -14

Griebel, W.: Aufgabenteilung im Haushalt: Was übernehmen Mutter, Vater, Kinder (und Großmutter)? Zeitschrift für Familienforschung 3 (1991), 21 - 53 (a)

Griebel, W.: Probleme beim Umgang: Unterschiedliche Perspektiven. In: Fthenakis, W.E. (Hrsg.): Mehr Zeit für Kinder. Auch nach Trennung und Scheidung. Bamberg: Meisenbach 1991, 31 (b)

Griebel, W., Siefert, I. & Herz, J.: Phasenspezifische Unterstützungsangebote für Scheidungsfamilien, insbesondere für betroffene Kinder. Zeitschrift für Familienforschung 3 (1991), 62 - 83

Group for the Advancement of Psychiatry, Committee on the Family: Divorce, child custody, and the family. San Francisco: Jossey-Bass 1981

Gutschmidt, G.: Kind und Beruf – Alltag alleinerziehender Mütter. Weinheim 1986 (3. Aufl. 1991)

Hegner, F. & Lakemann, U.: Familienhaushalt und Erwerbstätigkeit. In: Nave-Herz, R. & Markefka, M. (Hrsg.): Handbuch der Familien- und Jugendforschung, Band 1, Familienforschung. Neuwied: Luchterhand 1989, 491 - 511

Hess, R.D. & Camara, K.A.: Post-divorce family relationships as mediating factors in the consequence of divorce for children. Journal of Social Issues 35 (1979), 79 - 96

Hetherington, E.M.: Divorce: A child's perspective. American Psychologist 34 (1979), 851 - 858

Hetherington, E.M. & Stanley-Hagan, M.: Divorced fathers: Stress, coping, and adjustment. In: Lamb, M.E. (Ed.): The father's role: Applied perspectives. New York: Wiley 1986, 103 -134

Hetherington, E.M., Cox, M. & Cox, R.: Effects of divorce on parents and children. In: Lamb, M.E. (Ed.): Nontraditional families: Parenting and child development. Hillsdale, NJ: Erlbaum 1982, 233 - 288

Hetherington, E.M., Stanley-Hagan, M. & Anderson, E.R.: Marital transitions. A child's perspective. American Psychologist 44 (1989), 303 - 312

Hodges, W.F.: Interventions for children of divorce. Custody, access, and psychotherapy. New York: Wiley 2. Aufl. 1991

Hoffmann-Riem, C.: Das adoptierte Kind. Familienleben mit doppelter Elternschaft. München: Fink 1984 (3. unveränd. Aufl. 1989)

Hoorwitz, A.N.: The visitation dilemma in court consultation. Social Casework 64 (1983), 231 -237

Horstmann, J. (Hrsg.): Nacheheliche Elternschaft. Möglichkeiten und Grenzen elterlicher Verantwortung nach dem Scheitern einer Ehe. Schwerte: Viktor 1992

Hungerbühler, R.: Haus- und Familienarbeit im Dilemma. In: Rapin, H. (Hrsg.): Frauenforschung und Hausarbeit. Frankfurt: Campus 1988, 73 - 90

Johnston, J.R., Campbell, L.E. & Tall, M.C.: Impasses to the resolution of custody and visitation disputes. American Journal of Orthopsychiatry 55 (1985), 112 -129

Katkin, D., Bullington, B. & Levine, M.: Above and beyond the best interest of the child. Law and Society Review 8 (1974), 669 - 687

Keshet, H.F. & Rosenthal, K.M.: Fathering after marital separation. Social Work 23 (1978), 11 -18

Koch, M.A. & Lowery, C.R.: Visitation and the noncustodial father. Journal of Divorce 8 (1984), 47 - 65

Kunze, H.-R.: Nichtsorgeberechtigte Eltern im Spiegel der Statistik. In: Fthenakis, W.E. (Hrsg.): Mehr Zeit für Kinder – auch nach Trennung und Scheidung. Nicht sorgeberechtigte Väter und Mütter und die Beziehung zu ihren Kindern. Bamberg: Meisenbach 1991, 8

Kurdek, L. & Berg, B.: Correlates of children's longterm adjustment to their parents' divorce. In: Kurdek, L. (Ed.): New directions for child development 9 (1983), 47 - 60

Laiken, D.: Daughters of divorce. New York: Morrow 1981

Lempp, R.: Gerichtliche Kinder- und Jugendpsychiatrie. Bern: Huber 1983

Lempp, R., Röcker, D. & v.Braunbehrens, V.: Die Anhörung des Kindes gemäß § 50 b FGG. Köln: Bundesanzeiger 1987

Loewen, J.W.: Visitation fatherhood. In: Bronstein, P. & Cowan, C.P. (Eds.): Fatherhood today. Men's changing role in the family. New York: Wiley 1988, 195 - 213

Luepnitz, D.A.: Child custody: A study of families after divorce. Lexington, MA: Lexington Books 1982, 1 -12

Maidment, S.: Child custody and divorce. London: Croom Helm 1984

Minsel, B., Krapp, A. & Fink, B.: Die Bedeutung gemeinsamer Interessen für die Beziehung zwischen nichtsorgeberechtigtem Elternteil und dem Kind. Beitrag für die Arbeitsgruppe „Interaktion und Intervention in Familien und familienbegleitenden Einrichtungen." Zweite Arbeitstagung der Fachgruppe Pädagogische Psychologie. München, 20. - 22.09.1989

Napp-Peters, A.: Ein-Elternteil-Familien. Soziale Randgruppe oder neues familiales Selbstverständnis? Weinheim: Juventa 1985

Napp-Peters, A.: Scheidungsfamilien. Deutscher Verein für Öffentliche und Private Fürsorge (Hrsg.): Arbeitshilfen Heft 37. Stuttgart: Kohlhammer 1988

Nauck, B.: Generationenvertrag, generatives Verhalten und Eltern-Kind-Beziehungen im interkulturellen Vergleich. In: Engfer, A., Minsel, B. & Walper, S. (Hrsg.): Zeit für Kinder! Kinder in Familie und Gesellschaft. Weinheim: Beltz 1991, 125 -132

Nave-Herz, R.: Familiale Lebensformen in der Bundesrepublik Deutschland. In: BMJFFG (Hrsg.): 40 Jahre Bundesrepublik Deutschland. Zur Zukunft von Familie und Kindheit. Bonn 1989, 49 - 56

Nave-Herz, R. & Krüger, D.: Ein-Eltern-Familien. Eine empirische Studie zur Lebenssituation und Lebensplanung alleinerziehender Mütter und Väter. Bielefeld: Kleine Verlag 1992

Nave-Herz, R., Daum-Jaballah, M., Hauser, S. et al.: Scheidungsursachen im Wandel. Bielefeld: Kleine Verlag 1990

Niesel, R.: Was kann Mediation für Scheidungsfamilien leisten? Zeitschrift für Familienforschung 3 (1991), 84 -102

Niesel, R., Griebel, W., Kunze, H.-R. & Oberndorfer, R.: Was Eltern, die sich trennen, für ihre Kinder tun können. Ein Erfahrungsbericht über Informationsabende für Eltern, die sich scheiden lassen wollen. Zentralblatt für Jugendrecht 76 (1989), 84 - 102

Oakland, T.: Divorced fathers: Reconstructing a quality life. New York: Human Sciences Press 1984

Ramos, S.: The complete book of child custody. New York: Putnam 1979

Ricci, I.: Mutters Haus – Vaters Haus. Trotz Scheidung Eltern bleiben. München: Piper 1992

Rosenthal, K.M. & Keshet, H.F.: Fathers without partners: A study of fathers and the family after marital separation. Totowa, NJ: Rowman & Littlefield 1981

Roussel, L.: Ehen und Ehescheidungen. Beitrag zu einer systematischen Analyse von Ehemodellen. In: Rupp, S., Schwarz, K. & Wingen, M. (Hrgs.): Eheschließung und Familienbildung heute. Wiesbaden: Deutsche Gesellschaft für Bevölkerungswissenschaft e.V., 1980, 68 - 87

Santrock, J.W. & Sitterle, K.A.: Parent-child relationships in stepmother families. In: Pasley, K.M. & Ihinger-Tallman, M. (Eds.): Remarriage and stepparenting. New York: Guilford 1987, 273 - 299

Santrock, J.W., Warshak, R.A. & Elliot, G.W.: Social development and parent-child interaction in father-custody and stepmother families. In: Lamb, M.E. (Ed.): Nontraditional families: Parenting and child development. Hillsdale, NJ: Erlbaum 1982, 289 - 314

Schmidt, A.: Väter ohne Kinder. Sorge, Recht und Alltag nach Trennung oder Scheidung. Reinbek: Rowohlt 1993

Schütze, Y.: Individualisierung und Familienentwicklung im Lebenslauf. In: BMJFFG (Hrsg.): 40 Jahre Bundesrepublik Deutschland. Zur Zukunft von Familie und Kindheit. Bonn 1989, 57 - 66

Schwarz, K.: In welchen Familien wachsen unsere Kinder auf? Zeitschrift für Familienforschung 1 (1989), 27 - 48

Springer, C. & Wallerstein, J.S.: Young adolescents' responses to their parents' divorces. In: Kurdek, L.A. (Ed.): Children and divorce: New directions in child development (No.19). San Francisco: Jossey-Bass 1983, 15 - 27

Tepp, A.V.: Divorced fathers: Predictors of continued paternal involvement. American Journal of Psychiatry 140 (1983),1465 -1469

Tessman, L.: Children of parting parents. New York: Aronson 1981

Tropf, W.D.: An exploratory examination of the effect of remarriage on child support and personal contacts. Journal of Divorce 7 (1984), 57 - 73

Théry, I.: Die Familien nach der Scheidung: Vorstellungen, Normen, Regulierungen. In: Lüscher, K., Schultheis, F., Wehrspaun, M. (Hrsg.): Die „postmoderne" Familie. Familiale Strategien und Familienpolitik in einer Über- gangszeit. Konstanz: Universitätsverlag Konstanz 1988, 84 - 97

Wallerstein, J.S. & Kelly, J.B.: Surviving the break up. How parents and children cope with divorce. New York: Basic Books 1980

Ware, C.: Sharing parenthood after divorce. New York: Viking 1982

Welter-Enderlin, R.: Widerstand in der Familientherapie. Praxis der Psychotherapie und Psychosomatik 33 (1988), 208 - 217

Wingen, M.: Familientätigkeit. Behutsam verstärktes Engagement der Männer. Stimme der Familie 38, 1991, 7 - 8

Zill, N.: Behavior, achievement, and health problems among children in step- families: Findings from a national survey of child health. In: Hetherington, E.M. & Arasteh, J.D. (Eds.): Impact of divorce, single-parenting, and stepparenting on children. Hillsdale, NJ: Erlbaum 1988, 325 - 368

Die Stieffamilie im Vergleich zu anderen Familienformen
Strukturbesonderheiten der Stieffamilie

von
WILFRIED GRIEBEL

Im Folgenden wird eine Übersicht über die Entwicklung von Familien gegeben, bei denen nach Trennung und Scheidung von Eltern minderjährige Kinder von neuen Partnerschaften und Wiederheirat ihrer Eltern mitbetroffen sind. Da es um die Frage der Regelung der elterlichen Sorge und der weiteren Beziehungen des Kindes zu seinen getrennten Eltern geht, wird Wiederheirat nach Verwitwung in diesem Zusammenhang nicht behandelt.

Die Wiederheirat nach Scheidung und die Stieffamilie einschließlich der Entwicklung von Kindern in dieser Familienform sind zwischenzeitlich in der Literatur ausführlich behandelt worden (vgl. Friedl & Maier-Aichen, 1991; Ganong & Coleman, 1987; Giles-Sims & Crosbie-Burnett, 1959; Heekerens, 1988; Krähenbühl et al., 1956; Pasley & Ihinger-Tallman, 1987; Walper, 1992; Visher & Visher, 1987; speziell die Entwicklung von Kindern in Stiefvater-Familien s. Fthenakis, 1988b).

1. Demographische Entwicklung von Stieffamilien in der Bundesrepublik

Die absolute Zahl der sich scheiden lassenden Eltern ist in der (alten) Bundesrepublik Deutschland in den vergangenen 30 Jahren dramatisch angestiegen; nach einer leichten Abnahme 1985/1986 hat sie 1988 mit 128.729 den Höchststand von 1984 mit 130.744 geschiedenen Ehen fast wieder erreicht (Braun, 1989). Die Scheidungshäufigkeit dürfte derzeit bei zwischen 25 und 30 % aller Ehen liegen (Schwarz, 1989).

53

Bei etwa 50 % der geschiedenen Ehen sind Kinder mitbetroffen. Das sind alljährlich an die 100.000 minderjährige Kinder (1975: 107.216 Kinder; 1985: 96.991 Kinder; 1988: 92.785 Kinder; Braun, 1989.) 16 % aller minderjährigen Kinder erleben die Scheidung ihrer Eltern (Schwarz, 1989). Annähernd 0,6 Millionen Kinder leben in der Bundesrepublik in Ein-Eltern-Familien, davon 1988 etwa 528.000 bei geschiedenen Müttern und 70.000 bei geschiedenen Vätern. Von den Geschiedenen mit Kindern schließen etwa 40 % eine neue Ehe (Schwarz, 1984). 1987 lebten etwa 600.000 Kinder aus geschiedenen Ehen mit einer Stiefmutter oder mit einem Stiefvater zusammen (Schwarz, 1989).

Infolge von neuer Partnerschaft (ohne Eheschließung) und Wiederheirat geschiedener, aber auch verwitweter Eltern bildeten sich 2,6 Millionen Stieffamilien und stieffamilienähnliche Lebensgemeinschaften, d.h. etwa jede fünfte Familie ist eine Stieffamilie (Wakenhut, 1989), etwa jede 10. Familie nach Scheidung und Wiederheirat (Schwarz, 1989). Die Stieffamilie stellt jedenfalls den dritthäufigsten Familientyp nach der Kernfamilie und der Ein-Eltern-Familie dar.

Der Anteil der Kinder, die mit alleinerziehenden Eltern und die mit Stiefeltern zusammenleben, wird infolge der wachsenden Zahlen von Scheidungen und von nichtehelichen Lebensgemeinschaften wohl auch in Zukunft zunehmen (Schwarz, 1989).

2. Struktur und Eigenart der Stieffamilie

2.1 Erfahrung der Ehescheidung der Eltern

Die Probleme der Stieffamilie sind nicht ohne die vorangegangenen Erfahrungen mit der ersten Ehe und ihrer Auflösung sowie mit der Nachscheidungsphase zu verstehen. Nach der Trennung und Scheidung sind es vor allem zwei Tendenzen, die schwer miteinander in Einklang zu bringen sind: Die Erwachsenen versuchen, die gegenseitigen Kontakte zu verringern und zu vermeiden, während in der Regel die Kinder zu beiden Eltern enge emotionale Beziehungen aufrechterhalten wollen (Furstenberg, 1987).

Im Folgenden wird angeknüpft an eine systemorientierte Sichtweise der Familie nach Trennung/Scheidung und bei Wiederheirat (zur Stieffamilie als System vgl. Goldsmith, 1982; Kent, 1980; Nichols, 1986; Perkins & Kahan, 1982; Robinson, 1980; Sager et al., 1982; zusammenfassend Fthenakis, 1986, 1987), da diese einerseits die komplexere Familienstruktur berücksichtigen und andererseits auf eine „gesunde" Entwicklung des Familiensystems ausgerichtet sind anstelle eines „Defizitmodells" hinsichtlich Stieffamilien im Vergleich mit nicht geschiedenen Kernfamilien (Ganong & Coleman, 1987). Dabei sind auch Aspekte der Stresstheorie zur Bewältigung von Übergängen in der familialen Entwicklung von Stieffamilien (Crosbie-Burnett, 1989) berücksichtigt.

2.2 Nachscheidungsphase

In der Phase nach der Trennung finden weitere Veränderungen des Familiensystems statt; so wird die Beziehung zwischen dem Kind und seinem sorgeberechtigten Elternteil nicht selten enger, es kann aber auch zu vermehrten Spannungen und zu größerer Entfremdung kommen; an die Kinder werden mehr Verantwortungsbereiche übertragen, und sie werden unter Umständen früher selbständig als gleichaltrige Kinder in nicht geschiedenen Familien. Sie müssen die Scheidung der Eltern akzeptieren, Verluste an Verfügbarkeit ihrer Eltern – insbesondere des nichtsorgeberechtigten – verarbeiten, daneben aber auch Chancen für sich entdecken. Sie müssen sich gegenüber Isolation in der Gleichaltrigengruppe und gegenüber Diskriminierung wappnen und ihre eigenen altersgemäßen Bedürfnisse durchsetzen.

Auf eine besondere Erscheinung bei Kindern aus geschiedenen Ehen soll an dieser Stelle eingegangen werden: Zu den Wünschen der Kinder danach, ihre Eltern mögen sich doch wieder versöhnen oder sogar wieder zusammenkommen.

Kinder aus geschiedenen Ehen äußern sehr häufig den Wunsch, daß die Eltern sich wieder vertragen mögen (Wiederversöhnungswünsche) oder beide wieder mit den Kindern zusammenleben mögen (Wiedervereinigungswünsche). Diese Wiederversöhnungswünsche sind in letzter Zeit speziell in Zusammenhang mit gemeinsamer elterlicher Sorge problematisiert und als Zeichen dafür interpretiert worden, die Kinder würden die Endgültigkeit der elterlichen Trennung nicht verarbeiten können, wenn beide Eltern stark in ihre Betreuung und Erziehung involviert blieben (Balloff, 1992; Balloff & Walter, 1990, 1991). Zu dieser Bewertung ist folgendes zu sagen:

(a) Empirisch basiert bei Balloff (1992; Balloff & Walter, 1990, 1991) die Problematisierung des kindlichen Wiederversöhnungswunsches auf Elternaussagen von 19 Eltern aus Familien mit gemeinsamer elterlicher Sorge (aus einer ungenannt bleibenden Zahl von Familien); von diesen Eltern berichteten einige, ihre Kinder äußerten Wiederversöhnungsphantasien; von diesen Eltern wiederum bewerteten einige das Äußern der kindlichen Phantasien als problematisch. Die Kinder selbst wurden nicht befragt.

(b) Das möglicherweise häufigere Äußern von Wiederversöhnungswünschen in einem familialen Kontext, der von geringerer Konflikthaftigkeit der Eltern und von mehr Zugang des Kindes zum außerhalb lebenden Elternteil gekennzeichnet ist, kann auf eine größere Offenheit in der familialen Kommunikation verweisen und damit eher ein Phänomen von positiverer Scheidungsbewältigung darstellen, als wenn in einem eher konflikthaften Kommunikationsklima der Nachscheidungsfamilie das Kind nicht gegenüber den Eltern äußern darf, es wünschte sich den anderen Elternteil zurück.

(c) Zu letzterer Bewertung ermutigt ein analoger Befund aus der Forschung über Kinder, die ebenfalls eine Biographie aufweisen, die von derjenigen von Kindern aus der biologischen Kernfamilie mit zusammenlebenden Eltern, der sogenannten Normalfamilie, abweichen: Adoptivkinder. Bis vor nicht allzulanger Zeit wurde von professioneller Seite für Adoptivfamilien das Interesse der adoptierten Kinder an der eigenen Herkunft und vor allem der geäußerte Wunsch des Adoptivkindes, seine leiblichen Eltern kennenlernen zu wollen, als pathologisches Symptom verstanden, das vor allem auf ein gestörtes Verhältnis des Kindes zu den Adoptiveltern verweise. Die Adoptiveltern waren oft verunsichert, ob dies nicht bedeute, daß das Kind sich von ihnen nicht wirklich angenommen fühle, daß es die Tatsache seiner Adoption nicht wirklich verarbeitet habe. In der neueren Adoptionsforschung dagegen wird zunehmend erkannt, daß dieses Interesse in allen Entwicklungsphasen bzw. Lebensabschnitten der (auch erwachsen gewordenen) Adoptivkinder auftritt (Ebertz, 1987; Sorosky et al., 1982), daß es in Adoptivfamilien mit offenem Kommunikationsklima sogar häufiger anzutreffen ist bei positiverer Entwicklung der Kinder (Knoll & Rehn, 1955) und daß dieses Phänomen angesichts der nicht zu leugnenden Tatsache, daß die Kinder eine nicht austauschbare Biographie haben, als normal für Adopotivkinder, als eine „Normalität eigener Art" (Hoffmann-Riem, 1954), anzusehen sei (zusammenfassend Griebel, 1987).

Aus diesen Gründen wird dafür plädiert, Wiederversöhnungswünsche von Kindern aus geschiedenen Ehen als ein ganz normales Phänomen zu betrachten, das eine Folge ihrer spezifischen Biographie darstellt und nicht zuungunsten dieser Kinder problematisiert und pathologisiert werden sollte.

2.3 Neue Partnerschaft und Wiederheirat

Neue Partnerschaften werden zu unterschiedlichen Zeitpunkten während der Trennungs- bzw Nachscheidungsphase eingegangen. Eine Wiederheirat eines großen Teils geschiedener Eltern findet bereits innerhalb von drei bis fünf Jahren nach der Scheidung statt (Braun & Proebsting, 1986). Mit dem Eintritt eines neuen Partners eines Elternteils in das Familiensystem sind komplexe Umstrukturierungsprozesse verbunden.

Folgende Veränderungen ergeben sich auf der Strukturebene:

(a) Ein neues Partnersubsystem bildet sich und grenzt sich gegenüber dem Subsystem der Kinder ab. Der Elternteil ist infolge der Aufnahme der neuen Partnerbeziehung für die Kinder weniger verfügbar.

(b) Während eine enge Beziehung der Kinder zu ihrem leiblichen Elternteil in der Stieffamilie besteht, muß sich eine solche zum Stiefelternteil erst entwickeln.

(c) Strukturveränderungen innerhalb des Kindersubsystems:

– eine Geschwisterposition kann sich ändern, wenn beide Partner Kinder in die Familie mitbringen oder gemeinsame Kinder geboren werden, und dementsprechend können

– neue Koalitionen innerhalb der Geschwistergruppen sich herausbilden.

(d) Das Familiensystem erweitert sich um verwandtschaftliche und soziale Netze seitens des Stiefelternteils (Sager et al., 1983; Furstenberg & Spanier, 1984; Crosbie-Burnett, Skyles & Becker-Haven, 1988).

(e) Das wichtigste Strukturmerkmal der Stieffamilie, in der sie sich von einer Kernfamilie unterscheidet, besteht jedoch darin, daß es außerhalb des Haushaltes, in dem die Kinder leben, noch einen weiteren Elternteil für sie gibt.

Die Kinder sind mithin in mehr oder weniger großem Umfang Mitglied zweier Haushalte, abhängig von der Ausgestaltung der elterlichen Sorge bzw. der Beziehungen zum zweiten Elternteil (Visher & Visher, 1987l). Entsprechend dem familienbiographischen Hintergrund der neuen Partner lassen sich unterschiedliche Typen von Stieffamilien unterscheiden (Krähenbühl et al., 1986): Stiefvaterfamilien, Stiefmutterfamilien, zusammengesetzte Stieffamilien, sowie diese Stieffamilientypen jeweils mit gemeinsamen Kindern.

Aber: Die „typische" Stieffamilie gibt es nicht, die Vorerfahrungen der beteiligten Familienmitglieder mit Partnerschaft, Ehe und Elternschaft sind außerordentlich vielfältig, und dementsprechend bringen sie unterschiedliche Akzentuierungen in die gemeinsame Geschichte der Stieffamilie und ihre eigene Problemsicht ein.

3. Entwicklungsaufgaben

Aus der Entstehungsgeschichte der Stieffamilie und ihrer Struktur ergeben sich für die Familienmitglieder Anforderungen, die sich als Entwicklungsaufgaben verstehen lassen (Montada & Schmitt, 1982; Oerter & Montada, 1982).

(a) Verluste müssen verarbeitet werden, die infolge der Trennung/Scheidung auftreten: Verlust an Verfügbarkeit des Partners/Elternteils, Verluste, die mit einer Verschlechterung der wirtschaftlichen Situation der Familie einhergehen, bei neuer Partnerschaft Verlust an Verfügbarkeit auch des anwesenden Elternteils für das Kind und möglicherweise Verlust der in der Phase der Alleinerzieherschaft erworbener Selbständigkeit und Verantwortung (Bradt & Bradt, 1986; Sager et al., 1983; Visher & Visher, 1987, 1988). Im Zusammenhang mit der erneuten Eheschließung der Eltern wird gelegentlich auch erwähnt, daß Wiederversöhnungswünsche der Kinder erlebt und enttäuscht würden.

(b) Anpassung der Kinder an den neuen Partner. (Dazu mehr unter 7.).

(c) Die neue Partnerschaft der Erwachsenen muß gefestigt werden. Eine stabile Partnerschaft der Erwachsenen ist ein ausschlaggebender Faktor für das Funktionieren der Stieffamilie (Visher & Visher, 1987). Diese Aufgabe ist insbesondere dadurch erschwert, daß vom neuen Partner die Anpassung an die Partnerschaft und an die Kinder gleichzeitig geleistet werden muß. Zudem kann es beim neuen Partner die erste Erfahrung mit Elternschaft sein.

(d) Die Beziehungen der Kinder zum außerhalb lebenden Elternteil müssen neu gestaltet werden; eine konstruktive Beziehung zu diesem Elternteil stellt den zweiten ausschlaggebenden Faktor für die Stabilisierung des Gesamtsystems der Stieffamilie dar.

Diese Aufgabe ist erschwert, weil Scheidung vom Partner bzw. Trennung vom Elternteil verarbeitet werden müssen. Zudem bedeutet es eine Auseinandersetzung mit weniger scharf und eindeutig gezogenen Grenzen (Bradt & Bradt, 1986; Pasley, 1987; Pasley & Ihinger-Tallman, 1989).

(e) Eine elterliche Rolle für den Stiefelternteil gegenüber den Kindern muß gefunden und individuell definiert werden. Dies stellt hohe Anforderungen an die Beteiligten, weil keine allgemein anerkannte, normierte Rolle für Stiefeltern vorgegeben ist (Cherlin, 1978; Giles-Sims, 1984). Stiefeltern müssen sich dabei mit negativen Vorurteilen gegenüber ihrer Rolle auseinandersetzen (Coleman & Ganong, 1987), was besonders Frauen in der Stiefmutterrolle betrifft (Sandhop, 1981; Santrock & Sitterle, 1987). Die Bezeichnung „Stiefmutter" wird vermieden. Kinder tendieren dazu, den Stiefelternteil beim Vornamen zu nennen anstatt mit einer Bezeichnung, die ein Elternschaftsverhältnis ausdrückt. Aber auch Stiefkinder sind negativen Erwartungen an ihr Verhalten, an ihre Entwicklung ausgesetzt; Erwartungen, die sich im Sinne einer selbsterfüllenden Prophezeihung belastend auf die Kinder auswirken können.

(f) Im Haushalt müssen vor allem dann, wenn Kinder aus mehreren Herkunftsfamilien in der Stieffamilie zuammenleben, neue Routinen entwickelt und z. B. über Etablierung familialer Rituale „quasi-verwandtschaftliche" Beziehungen (Bohannan, 1970) zur Schaffung einer individuellen „Identität als Stieffamilie" geknüpft werden (Whiteside, 1989).

(g) Schließlich muß auch das umgebende Verwandtschaftssystem der Stieffamilie integriert werden. Innerhalb des erweiterten Netzes der „Quasi-Verwandtschaft" der Stieffamilie kann ebenfalls nicht auf eindeutig definierte Anforderungen und Erwartungen zurückgegriffen werden, die die Gestaltung der Beziehungen erleichtern würden. Das betrifft z. B. die neue Frau des nicht ständig mit den Kindern zusammenlebenden Vaters („Wochenendstiefmutter"; „sekundäre Stieffamilie" nach Hoffmann-Riem, 1989).

Akzeptanz und Unterstützung der Stieffamilie seitens des verwandtschaftlichen Netzwerks haben aber ebenfalls grossen Einfluß darauf, ob sich eine Stieffamilie stabilisiert. Die durchschnittliche „Wieder-Scheidungs-Rate" ist – gerade wegen der besonderen Belastungen durch die Kinder (White & Booth, 1985) – sogar leicht höher als die von Erst-Ehen (für die USA Glick 1984).

4. Trennung von Partner- und Elternebene in unterschiedlichen Bereichen der Wiederheirat nach Scheidung: Entwicklungsaufgaben für die Erwachsenen beim Übergang zur Stieffamilie

In Anlehnung an Ware (1982), der zur Neudefinition der Beziehung geschiedener Eltern die erfolgreiche Trennung von Partner- und Elternebene innerhalb mehrerer Bereiche veranschaulicht, wird im Folgenden eine Übersicht über Aufgaben gegeben, die von geschiedenen Eltern bei Wiederheirat als Partner und als (Stief-)Eltern ihrer Kinder erfolgreich bewältigt werden müssen.

PARTNEREBENE	ELTERNEBENE

1. Juristischer Bereich

Klären von Rechten und Änderung von Rechten und Pflichten gegen über dem ehemaligen Ehegatten. Neue Pflichten gegenüber neuem Partner	Beteiligung an den Erziehungspflichten; Verantwortung für den Stiefelternteil – ohne Einschränkung von Rechten und Pflichten des abwesenden Elternteils.

2. Ökonomischer Bereich

Budgetgestaltung des gemeinsamen Haushaltes (Lown et al., 1989); Aufteilung der Erwerbstätigkeit als Familienaufgabe	Finanzielles Engagement für das Stiefkind

3. Ökologischer Bereich

Wahl und Gestaltung des gemeinsamen Wohnsitzes

Etablieren des Lebens der Kinder in zwei Haushalten (auch als „Wochenendstieffamilie")

4. Psychisch/emotionaler Bereich

Festigen der neuen Partnerschaft; Bewältigung möglicherweise neu aufflammender Konflikte der ehemaligen Partner; Entwickeln eines angemessenen Selbstbewußtseins als Partner in einer zweiten Ehe

Entwickeln eines angemessenen Selbstbewußtseins als Elternteil/ Stiefelternteil einer Stieffamilie; insbesondere anwesender Elternteil: Klären von Beziehungen innerhalb des neugeordneten Haushaltes.
Abwesender Elternteil: Konstruktive Gestaltung der Stieffamilie; insbesondere anwesender Elternteil: Klären von Beziehungen innerhalb des neuorganisierten Haushaltes.
Abwesender Elternteil: Konstruktive Gestaltung der Beziehung zum Kind und Vermeiden von Rückzug vom Kind.
Stiefelternteil: Anpassung an die Stiefkinder und Entwicklung einer emotionalen Beziehung zu ihnen

5. Eltern-Kind-Bereich

Erwachsenen- und kindliche Bedürfnisse und Perspektiven werden unterschieden. Bedürfnisse des Paares werden gegenüber Beanspruchung durch die Kinder abgegrenzt

Kooperation der Erwachsenen mit Elternfunktion in einer „funktionierenden" Stieffamilie als elterliche Koalition (Visher & Visher, 1989) mit differenzierter Aufgabenteilung und geklärten Rollen/Funktionen, die für den Stiefelternteil neu entwickelt

werden müssen;
einschließlich täglicher Routinen,
familialer Traditionen und Rech-
ten/Pflichten der Kinder;
vermeiden von Rivalität gegenüber dem außerhalb lebenden
Elternteil;
kindbezogene, neutrale Kommunikation mit dem ehemaligen
Partner und dem Stiefelternteil

6. Erweiterter familialer Bereich

Integration der erweiterten Verwandtschaft als soziales Netz der Partner	Integration der erweiterten Verwandtschaft als soziales Netz für die Kinder

7. Sozialer Bereich

Neudefinition des sozialen Status' als Wiederverheiratete auf der Ebene der umgeben-den Systeme: z.B. Arbeitswelt, Gemeinde, Institutionen	Neudefinition als Eltern/Stief-eltern in einem binuklearen Familiensystem ebenfalls auf der Ebene der umgebenden Institutionen

5. Lösungsversuche

Ein häufig zu beobachtender Versuch von Stieffamilien, diese
komplexen Fragestellungen zu bewältigen, läßt sich mit „Imita-
tion einer Kernfamilie" umschreiben (Krähenbühl et al., 1986).
Das Bestreben, wie eine „normale" Familie zu erscheinen, im
Sinne einer Bewältigung der Tatsache, daß die Familie eine andere biographische Entwicklung aufweist als eine traditionelle bio-
logische Kernfamilie, wurde auch als Streben nach einer „Normalität als ob" bezeichnet (Hoffmann-Riem, 1984) und ist vor
allem bei Pflege- oder Adoptivfamilien beobachtet worden. Dabei
wird versucht, sowohl die Beziehungen innerhalb des Haushaltes

als auch das Bild der Familie nach außen entsprechend dem Vorbild einer Kernfamilie zu gestalten: Von Kind und Stiefelternteil wird das sofortige „Herstellen" einer engen emotionalen Eltern-Kind-Beziehung erwartet. Vom Stiefelternteil wird zudem erwartet, daß er eine Erzieherfunktion übernimmt, die traditionellen Rollenvorstellungen entspricht: d. h. der Stiefelternteil soll die Rolle des abwesenden Elternteils übernehmen und ihn so voll und ganz „ersetzen". Das belastet gerade Frauen in der Position einer Stiefmutter besonders. Nach außen hin wird der Status als Stieffamilie verheimlicht (Bradt & Bradt, 1986; Coleman & Ganong, 1985; Jacobson, 1980; Johnson, 1980; Krähenbühl et al., 1986; Visher & Visher, 1987). Das passiert auch, wenn die Familie sich in einer Beratungseinrichtung vorstellt und entweder sich nicht als Stieffamilie zu erkennen gibt, weil sie die Tatsache auch nach innen (d. h. vor sich selbst, vor den Kindern) verschleiert, oder weil ihnen das Problembewußtsein fehlt, als Stieffamilie besonderen Bedingungen des familialen Zusammenlebens und familialer Konflikte zu unterliegen. Sie erscheint als „Familie mit Tarnkappe" (Visher & Visher, 1987). Der außerhalb des Haushaltes lebende zweite Elternteil der Kinder soll entsprechend dieser Strategie aus dem Familiensystem ausgeschlossen werden. In diesem Zusammenhang werden Lösungen von den Familien auch mit juristischen Mitteln gesucht.

6.   Familienrechtlich relevante Fragestellungen

In folgenden Bereichen werden Fragestellungen und Argumente für die Tätigkeit der intervenierenden Dienste (Gericht, Anwälte, Jugendamt, Beratungsstellen) relevant:

(a) Anträge auf Änderung von Sorge- und Umgangsregelungen (Griebel, 1986): Stellt die Wiederheirat einen positiven Aspekt dar bei der Materialisierung von Kindeswohl (Argument der „vollständigen Familie" oder der verbesserten wirtschaftlichen Situation) oder aber im Gegenteil einen negativen Aspekt (Gefahr der Betreuung des Kindes durch – fremde – Dritte, Gefahr der Entfremdung des Kindes in bezug auf den leiblichen Elternteil)?

(b) Änderungen von Pflegeverhältnissen, wenn nach einer Wiederheirat Kinder in die Familien zurückgenommen oder aber auch aus ihnen hinausgegeben werden sollen.

(c) Anträge auf Namensänderung beziehungweise Einbenennung von Stiefkindern in den neuen Ehenamen des sorgeberechtigten Elternteils: Wird eine Namensänderung durch eine gewisse Belastung im sozialen Bereich infolge Namensverschiedenheit der Familienmitglieder gerechtfertigt, bzw. welche weiteren Probleme können sich in der Folge ergeben (vgl. die juristische Kommentierung bei Enste, 1983; Simader & Diepold, 1983)?

(d) Schließlich Anträge auf Adoption des Stiefkindes: Fördert eine rechtliche Beziehung zwischen Kind und Stiefelternteil das Wohl des Kindes – Argument der Identität des Kindes mit der „neuen" Familie, der emotionalen Sicherheit oder der „klaren Verhältnisse" (Griebel, 1988; Frank, 1978; Hinz, 1988; Lüderitz, 1981)?

6.1 Implikationen der Strategie „Imitation einer Kernfamilie"

Bei jeder dieser angestrebten Möglichkeiten werden zugleich mit den Personen, die sich beruflich mit dieser Familie und ihren Problemen zu befassen haben, deren Einstellungen, Normen und Wertvorstellungen hinsichtlich Ehe und Familie zur Scheidung und Stiefelternschaft usw. relevant. Sie sollten daher von den beruflich Befaßten bewußt reflektiert werden, damit es nicht zu unbewußtem Agieren, zu unbewußten Koalitionen mit einzelnen Familienmitgliedern anstatt zur offenen Auseinandersetzung mit den Fragen kommt, die alle Mitglieder der Familie betreffen. Mit den Versuchen, eine Kernfamilie zu imitieren und die besondere Struktur der Stieffamilie zu ignorieren, wird jedoch, wie die vorliegenden Forschungs- und klinischen Arbeiten zu Stieffamilien zeigen (vgl. den Überblick u.a. bei Fthenakis 1988a, 1986, 1987; Fthenakis & Griebel, 1985; Krähenbühl et al., 1986), die Unsicherheit der Familienmitglieder nicht vermindert, sondern letztlich erhöht, da sie eine Überforderung sowohl für die Kinder als auch für den Stiefelternteil bedeuten:

Für die Kinder können sich hinsichtlich der weiterbestehenden Beziehung zum leiblichen, außerhalb lebenden Elternteil starke Loyalitätskonflikte ergeben, die die Beziehungen nicht nur zum Stiefelternteil, sondern auch zum Elternteil, mit dem sie zusammenleben, belasten. Dies ist nicht nur kurz-, sondern auch längerfristig zu berücksichtigen.

Versuche, den außerhalb des Haushalts lebenden leiblichen Elternteil auch für die Kinder „überflüssig" zu machen, führen zu einem hohen Erwartungsdruck an den Stiefelternteil, der sich in einer ständigen Konkurrenzsituation mit diesem Elternteil befindet. Dies resultiert in häufig berichteten Erziehungsschwierigkeiten in Stieffamilien: Kinder, die z. B. ihren Vater im Gegensatz zu der Zeit, in der sie mit ihm zusammenlebten, nach der Scheidung als ausgesprochen nachgiebig, verwöhnend und wenig fordernd erleben, wehren sich gegen Erziehungs- und Disziplinierungsversuche durch einen neuen Erwachsenen in der Familie. Im allgemeinen dauert es etwa zwei Jahre, bis der Stiefvater ein gleichberechtigtes Mitspracherecht bei der Disziplinierung der Kinder erlangt hat (Stern, 1982).

Andererseits werden bei ebenfalls nachgiebigem und verwöhnendem Verhalten des Stiefvaters gegenüber den Kindern unter Umständen Erziehungsbemühungen der Mutter unterlaufen und ihre Erwartungen an Unterstützung bei der Erziehung der Kinder enttäuscht. Das belastet wiederum die Partnerschaft nicht unerheblich (Krähenbühl et al., 1986).

7. Konsequenzen für die Intervention der beteiligten Dienste (Anwälte, Richter, Jugendämter, Beratungsstellen, Sachverständige)

Unter der Prämisse, daß längerfristige Entwicklungen bei der Bestimmung des Kindeswohls im Zusammenhang mit Wiederheirat geschiedener Eltern (Griebel 1985) berücksichtigt werden sollen, lassen sich folgende Forderungen für die Tätigkeit der intervenierenden Dienste im Zusammenhang mit Stieffamilien ableiten:

(a) Bei der Materialisierung von Kindeswohl muß der Fähigkeit und Bereitschaft eines geschiedenen Elternteils, den Zugang des Kindes zum nichtsorgeberechtigten Elternteil *auch nach einer Wiederheirat* zu ermöglichen und zu fördern, ein bedeutendes Gewicht beigemessen werden.

(b) Die Bewertung der erzieherischen Eignung von Eltern nach Scheidung und Wiederheirat muß deren Bereitschaft und Fähigkeit berücksichtigen, die besonderen, alters- und entwicklungsadäquaten Bedürfnisse eines Kindes in der Stieffamilie realistisch einzuschätzen und angemessen darauf einzugehen. Dies kann etwa dadurch geschehen, daß dem Kind Klarheit über die Beziehungsstrukturen der Familie vermittelt wird und ihm Verluste an Beziehungen erspart werden.

(c) Der neue Partner eines Elternteils muß verstärkt in die Überlegungen bei Entscheidungen über Sorgerecht und Umgang miteinbezogen werden.

(d) Neben der Qualität der Beziehung zwischen ihm und dem Kind muß auch *seine* Fähigkeit und Bereitschaft, den Umgang des Kindes mit dem außerhalb des Haushaltes lebenden leiblichen Elternteil zu fördern, entscheidungsrelevant werden.

(e) Die Bewertung der erzieherischen Eignung eines neuen Partners eines sorgeberechtigten Elternteils sollte eine individuelle, die Bedürfnisse des Kindes im Einzelfall berücksichtigende Definition seiner eigenen Rolle als Stiefelternteil einschließen. Diese Rolle darf dabei nicht statisch angelegt sein, sondern muß entwicklungsbezogen offen bleiben für die Beziehungen zwischen Kind und Stiefelternteil.

(f) Auch die voraussichtliche Stabilität einer neuen Partnerschaft bzw. deren Qualität (Spanier, 1976) sollte bei der Einschätzung der zukünftigen familialen Entwicklung und der Bestimmung des Wohles von Kindern in Stieffamilien berücksichtigt werden.

Welche Konsequenzen ergeben sich insbesondere hinsichtlich einer Bewertung des Umgangsrechts (Griebel, 1986)?

(a) Auszugehen ist auch nach einer Wiederheirat eines sorgeberechtigten Elternteils davon, daß weiterbestehende Beziehungen der Kinder zum außerhalb des Haushaltes lebenden Elternteil im Sinne des Kindeswohls sind (wenn nicht spezifische Konstellationen von Faktoren im Einzelfall gegen weitere Beziehungen, aber unabhängig von einer Wiederheirat, sprechen).

(b) Der neue Partner eines Elternteils, d. h. der Stiefelternteil ist in die Überlegungen zur Umgangsregelung so weit wie möglich miteinzubeziehen, wenn man das Funktionieren des Gesamtsystems der Nachscheidungsfamilie im Auge haben will. Er ist nicht primär unter dem Gesichtspunkt eines „Ersatz-Elternteils" zu sehen, der weitere Beziehungen zum außerhalb lebenden Elternteil überflüssig machen kann.

(c) Die Aufgabe muß darin bestehen, eine Gestaltung der Beziehungen über die Haushaltsgrenzen hinaus zu erreichen, die den veränderten Strukturen angemessen Rechnung tragen kann. Das bedeutet einmal eine Anpassung an veränderte Rahmenbedingungen wie vergrößerte Entfernungen oder altersbedingt veränderte Bedürfnisse der Kinder hinsichtlich des Umgangs. Anpassung läßt sich hier über Veränderung von Besuchshäufigkeit und jeweilige Dauer von Besuchen erreichen. Es sind aber auch Möglichkeiten, etwa telefonisch Kontakte zu installieren oder aufrechtzuerhalten, in die Überlegungen einzubeziehen und gegebenenfalls zum Gegenstand von Vereinbarungen zu machen, wo dies nicht selbstverständlich erscheint.

Die Möglichkeiten einer fortgesetzten Beteiligung des zweiten Elternteils an der Erziehungsverantwortung über eine Umgangsregelung hinaus, etwa im Rahmen einer Form der gemeinsamen elterlichen Sorge (Greif & Simring, 1984), sind unter dem Gesichtspunkt der Optimierung der familiären Beziehungen im Gesamtsystem der Nachscheidungsfamilie zu reflektieren.

(d) Konsequenzen ergeben sich aber vor allem für die Beratungsarbeit mit Stieffamilien. Es sind immer wieder Hinweise gegeben worden, daß Unterstützung vor allem bei der Vorbereitung auf die anstehenden Veränderungen und die damit verbundenen Anforderungen und Aufgaben zu leisten sei, um unrealistischen

Erwartungen zu begegnen (Carter & McGoldrick, 1980; Messinger, 1976; Messinger & Walker, 1981; Ransom, Schlesinger & Derdeyn, 1979; Nichols, 1977), weil anscheinend bei der Vorbereitung auf die Wiederheirat häufig wichtige Themenbereiche nicht zwischen den neuen Partnern erörtert werden (Ganong & Coleman, 1989).

Für die – auch vorbereitende – Beratung gilt:

– Hilfe kann geleistet werden bei der Eruierung solcher Bereiche und Funktionen, die der außerhalb lebende Elternteil der Kinder weiterhin wahrnehmen kann, sowie solcher Bereiche, die der Stiefelternteil für gemeinsame Aktivitäten mit den Kindern als Grundlage für die Entwicklung individueller Beziehungen erschließen kann.

Hier ist darauf zu achten, daß sich diese Bereiche ergänzen und nicht in einer Form überschneiden, die für die beteiligten Erwachsenen mit Erzieherfunktionen eine Konkurrenzsituation darstellen und ein Rivalitätsverhältnis erzeugen können.

– Aus den Arbeiten über Interventionen bei Stieffamilien ist bekannt, daß es vor allem unrealistische Erwartungen an die Familie und ihre Mitglieder sind („instant love"; „besserer Elternteil" sein wollen), die zu Schwierigkeiten bei der Erziehung der Kinder und in der Partnerschaft führen.

Diese unrealistischen Erwartungen spiegeln die Ignorierung der spezifischen Struktur der Stieffamilie wieder; die Stieffamilie muß sich aber als das verstehen und annehmen, was sie ist: Eine Familie, die über die Grenzen eines Haushalts hinausreicht und bei der die Kinder in mehr oder weniger großem Umfang Mitglied zweier Haushalte sind (Visher & Visher, 1982, 1987). Hierzu können Kommunikationsprozesse in der Familie initiiert werden (Krähenbühl et al., 1986). Besonders hingewiesen wird auf die vielfältige Ratgeberliteratur sowie auf die Kinderbücher, die sich mit dem Thema auseinandersetzen (Lehner, 1991).

Es gilt, Lösungen mit der Familie zu erarbeiten, die ihr Gelegenheit gibt, die positiven Potentiale der Stieffamilie mit ihrem erweiterten Erfahrungsspektrum für die Kinder und den Entlastungsmöglichkeiten für die Erwachsenen zu nutzen.

Literatur

Balloff, R.: Kinder vor Gericht. Opfer, Täter, Zeugen. München: Beck 1992

Balloff, R. & Walter, E.: Gemeinsame elterliche Sorge als Regelfall? Einige theoretische und empirische Grundannahmen. Zeitschrift für das Gesamte Familienrecht 37 (1990), 445 - 454

Balloff, R. & Walter, E.: Reaktionen der Kinder auf die Scheidung der Eltern bei alleiniger oder gemeinsamer elterlicher Sorge. Psychologie in Erziehung und Unterricht 38 (1991), 81- 95

Bohannan, P.: Divorce chains, households of remarriage, and multiple divorces. In: Bohannan, P. (Ed.): Divorce and after: An analysis of the emotional and social problems of divorce. Garden City, N.Y.: Doubleday 1970, 113-123

Bradt, C.M. & Bradt, J.0.: Resources for stepfamilies. In: Karpet, M. (Ed.): Family resources. New York: Guilford Press 1986, 272 - 304

Braun, W. & Proebsting, H.: Heiratstafeln verwitweter Deutscher 1979/1982 und geschiedener Deutscher 1980/83. Wirtschaft und Statistik 2 (1986), 107 - 112

Cherlin, A.: Remarriage as an incomplete institution. American Journal of Sociology 84 (1978), 634 - 650.

Coleman, M. & Ganong, L.: Remarriage myths: Implications for the helping professions. Journal of Counseling and Development 64 (1985), 116 -120

Coleman, M. & Ganong, L.: The cultural stereotyping of stepfamilies. In: Pasley, K., & Ihinger-Tallman, M. (Eds.): Remarriage and stepparenting: Current research and theory. New York: Guilford Press l987, 19 - 41

Crosbie-Burnett, M.: Application of family stress theory to remarriage: A model for assessing and helping stepfamilies. Family Relations 38 (1989), 323 - 331

Crosbie-Burnett, M., Skyles, A. & Becker-Haven, J.: Exploring stepfamilies from a feminist perspective. In: Dornbusch, S. & Strober, M. (Eds.): Feminism, children and new families. New York: Guilford 1988, 297 - 326

Ebertz, B.: Adoption als Identitätsproblem. Zur Bewältigung der Trennung von biologischer Herkunft und sozialer Zugehörigkeit. Freiburg: Lambertus 1987

Enste, F.R.: Das „Kindeswohl" als Abwägungsgesichtspunkt zur Ermittlung eines „wichtigen Grundes" für eine Namensänderung in den sogenannten Stiefkinderfällen. Zentralblatt für Jugendrecht und Jugendwohlfahrt 30 (1983), 396 - 409

Frank, R.: Grenzen der Adoption. Eine rechtsvergleichende Untersuchung zur Schutzbedürftigkeit faktischer Eltern-Kind-Verhältnisse. Frankfurt/M.: Metzner 1978

Friedl, I. & Maier-Aichen, R.: Leben in Stieffamilien. Familiendynamik und Alltagsbewältigung in neuen Familienkonstellationen. Weinheim: Juventa 1991

Fthenakis, W.E.: Väter – Vater-Kind-Beziehung in verschiedenen Familienstrukturen. Band 2. München: Urban & Schwarzenberg 1985 (2. Aufl. 1988), (vgl. insbesondere S. 115 -195)

Fthenakis, W.E.: Interventionsansätze während und nach der Scheidung. Eine systemtheoretische Betrachtung. Archiv für Wissenschaft und Praxis der sozialen Arbeit 2-4 (1986), 174 - 201

Fthenakis, W.E.: Einleitung zur deutschen Ausgabe von: Visher, E.B. & Visher, J.-S.: Stiefeltern, Stiefkinder und ihre Familien. München: Psychologie Verlags Union 1987, 11- 23

Fthenakis, W.E. & Griebel, W.: Zweitfamilien: Die Ehe nach der Ehe. Psychologie heute 12 (1985), 20 - 26

Furstenberg, F.F.Jr.: Die Entstehung des Verhaltensmusters "sukzessive Ehen". In: Lüscher, K., Schultheis, F. & Wehrspaun, M. (Hrsg.l: Die „postmoderne" Familie. Familiale Strategien und Familienpolitik in einer Übergangszeit. Konstanz: Universitätsverlag 1988, 73 - 83

Ganong, L. & Coleman, M.: Effects of remarriage on children: A comparison of theories, methods, and findings from clinical and empirical research. In: Pasley, K., & Ihinger-Tallman, M. (Eds.): Remarriage and stepparenting: Current research and theory. New York: Guilford Press 1987, 94 -140

Ganong, L.H. & Coleman, M.: Preparing for remarriage: Anticipating the issues, seeking solutions. Family Relations 38 (1989), 28 - 33

Giles-Sims, J.: The stepparent role. Expectations, behavior, and sanctions. Journal of Family Issues 5 (1984), 116 -130

Giles-Sims, J. & Crosbie-Burnett, M.: Stepfamily research: Implications for policy, clinical interventions, and further research. Family Relations 38 (1989), 19 - 23

Glick, P.C.: Marriage, divorce, and living arrangements. Prospective changes. Journal of Family Issues 5 (1984), 7 - 26

Goldsmith, J.: The postdivorce family system. In: Walsh, F. (Ed.): Normal family processes: Implications for clinical practice. New York: Guilford 1982, 297 - 330

Greif, J.B. & Simring, S.K.: Remarriage and joint custody. In: Folberg, J. (Ed.): Joint custody and shared parenting. Washington, D.C.: BNA Books 1984, 77 - 84

Griebel, W.: Auswirkung von Wiederverheiratung auf das Kindeswohl. In: Montada, L. (Hrsg.): Bericht über die 7. Tagung Entwicklungspsychologie in Trier vom 22. - 25.9.1985, 319 - 322

Griebel, W.: Wiederverheiratung und Gestaltung von Umgangsregelungen. In: Evangelische Akademie Bad Boll (Hrsg.): Neuorientierung der Aufgaben des psychologischen Sachverständigen in familienrechtlichen Fragen. Tagung vom 21. - 23. April 1986 in der Evangelischen Akademie Bad Boll. Protokolldienst der Evangelischen Akademie Bad Boll 1986

Griebel, W.: Situation adoptierter Kinder. In: Bayerisches Landesjugendamt (Hrsg.): Offene Formen der Adoption. München 1987, 9 - 26

Griebel, W.: Adoption von Kindern durch ihre Stiefeltern. In: Evangelische Akademie Tutzing (Hrsg.): Elternwechsel - Problemfeld Adoption. Tutzinger Materialie 54, 1988

Heekerens. H.P.: Die zweite Ehe. Wiederheirat nach Scheidung und Verwitwung. Weinheim: Deutscher Studien Verlag 1988

Hetherington, E.M.: Family relations six years after divorce. In: Pasley, K., & Ihinger-Tallman, M. (Eds.): Remarriage and stepparenting: Current research and theory. New York: Guilford Press 1988, 185 - 205

Hinz, M.: Die Entwicklung des Adoptionswesens aus rechtlicher Sicht. In: Evangelische Akademie Tutzing (Hrsg.): Elternwechsel - Problemfeld Adoption. Tutzinger Materialien 54, 1988

Hoffmann-Riem, C.: Das adoptierte Kind. Familienleben mit doppelter Elternschaft. München: Fink 1984 (3. unveränderte Aufl. 1989)

Jacobson, D.S.: Stepfamilies: Myths and realities. Journal of the National Association of Social Workers 24, 1979, 202 - 207

Jacobson, D.S.: Crisis intervention with stepfamilies. New Directions for Mental Health Services 6 (1980), 35 - 43

Johnson, H.C.: Working with stepfamilies: Principles of practice. Social Work 25 (1980). 304 - 308

Kegan, P.: Die Entwicklungsstufen des Selbst. Fortschritte und Krisen im menschlichen Leben. München: Kindt 1986 (2. Aufl. 1991)

Kent, M.O.: Remarriage: A family systems perspective. Social Casework 61 (1980), 146 -153

Knoll, H.-D. & Rehn, M.-L.: Adoption. Studie über den Adoptionserfolg und die psychosoziale Integration von Adoptierten. Nürnberg: Diakonisches Werk Bayern,1985

Krähenbühl, V., Jellouschek, H., Kohaus-Jellouschek et al.: Stieffamilien. Struktur – Entwicklung – Therapie. Freiburg: Lambertus 1986 (3. aktualisierte Aufl. 1991)

Lehner, I.M.: Die Problematik der elterlichen Trennung und Scheidung in der zeitgenössischen Kinder- und Jugendliteratur. Frankfurt/M.: R.G.Fischer 1991

Lown, J.M., McFadden, J.R. & Crossman, S.M.: Family life education for remarriage focus on financial management. Family Relations 38 (1989), 40 - 45

Lüderitz, A.: Problemfelder des Adoptionsrechts. Zeitschrift für das gesamte Familienrecht 28 (1981), 524-527

McGoldrick, M. & Carter, E.A: Forming a remarried family. In: Carter, E.A: & McGoldrick, M. (Eds.): The family life cycle: A framework for family therapy. New York: Gardner Press 1980, 399-429

Messinger, L. & Walker, K.N.: From marriage breakdown to remarriage: Parental tasks and therapeutic guidelines. American Journal of Orthopsychiatry 51 (1981), 429 - 438

Nichols, W.C.: Divorce and remarriage education. Journal of Divorce 1 (1977), 153-161

Nichols, W.C.: Sibling subsystem therapy in family system reorganization. Journal of Divorce 9 (1986), 13 - 31

Pasley, K.: Family boundary ambiguity: Perceptions of adult stepfamily members. In: Pasley, K., & Ihinger-Tallman, M. (Eds.): Remarriage and stepparenting: Current research and theory. New York: Guilford Press 1987, 206 - 224

Pasley, K., & Ihinger-Tallman, M. (Eds.): Remarriage and stepparenting: Current research and theory. New York: Guilford Press 1987

Pasley, K. & Ihinger-Tallman, M.: Boundary ambiguity in remarriage: Does ambiguity differentiate degree of marital adjustment and integration? Family Relations 38 (1989), 46 - 52

Perkins, T.F. & Kahan, J.P.: Ein empirischer Vergleich der Familiensysteme mit leiblichen Vätern und mit Stiefvätern. Familiendynamik 7 (1982), 354 - 367

Robinson, M.: Stepfamilies. A reconstituted family system. Journal of Family Therapy 2 (1980), 45 - 69

Sager, C.J. Brown, H.S., Crohn, H. et al.: Treating the remarried family. New York: Brunner/Mazel 1983

Sandhop, A.: Stiefeltern: Eine soziologische Analyse der „rekonstituierten" Familie. Bundesinstitut für Bevölkerungsforschung (Hrsg.): Materialien zur Bevölkerungswissenschaft Heft 21, 1981

Santrock, J.W. & Sitterle, K.: Parent-child relationships in stepmother families. In: Pasley, K. & Ihinger-Tallman, M. (Eds.): Remarriage and stepparenting: Current research and theory. New York: Guilford Press 1987, 273 - 299

Schwarz, K.: Eltern und Kinder in unvollständigen Familien. Zeitschrift für Bevölkerungswissenschaft 10 (1984), 3 - 36

Schwarz, K.: In welchen Familien wachsen unsere Kinder auf? Zeitschrift für Familienforschung 3 (1989), 27 - 48

Simader, A. & Diepold, A.: Deutsches Namensrecht. Kommentar. Loseblattausgabe. I. Ergänzungslieferung. München: Rehm 1983

Sorosky, A.D., Baran, A. & Pannor, R.: Adoption. Zueinander kommen – miteinander leben. Eltern und Kinder erzählen. Reinbek: Rowohlt 1982

Spanier, G.B.: Measuring dyadic adjustment: New scales for assessing the quality of remarriage and similar dyads. Journal of Marriage and the Family 38 (1976), 15 - 28

Stern, P.N.: Affiliating in stepfather families: Teachable strategies leading to stepfather-child friendship. Western Journal of Nursery Research 4 (1982), 75 - 89

Visher, E.B. & Visher, J.S.: Therapy with remarriage families: VIII. Stepfamilies in the 1980s. Family Therapy Collections 2 (1982), 105 -119

Visher, E.B. & Visher, J.S.: Stiefeltern, Stiefkinder und ihre Familien. Probleme und Chancen. Mit einer Einleitung von W.E. Fthenakis. München: Psychologie Verlags Union 1987

Visher, E. & Visher, J.: Old loyalties, new ties: Therapeutic strategies with stepfamilies. New York: Brunner/Mazel 1988

Visher, E.B. & Visher, J.S.: Parenting coalitions after remarriage: Dynamics and therapeutic guidelines. Family Relations 38 (1989), 65 - 70

Wallerstein, J.S. & Kelly, J.B.: Remarriage. In: Wallerstein, J.S. & Kelly, J.B.: Surviving the breakup: How children and parents cope with divorce. New York: Basic Books 1980, 285-301

Ware, C.: Sharing parenthood after divorce. New York: The Viking Press, 1982

White, L.K. & Booth, A.: The quality and stability of remarriages: The role of stepchildren. American Sociological Review 50 (1985), 689 - 698

Whiteside, M.F.: Family rituals as a key to kinship connections in remarried families. Family Relations 38 (1989), 34 - 39

Kinder in zusammengesetzten Familien: Rückkehr zur „kompletten Familie" oder Stiefkinder des Glücks?

von

SABINE WALPER

Wenn Eltern nach einer Trennung, Scheidung oder Verwitwung eine neue Ehe oder nicht-eheliche dauerhafte Partnerschaft eingehen, so tun sie dies zwar häufig mit etwas weniger romantischen Vorstellungen als bei der ersten Eheschließung, aber doch mit Optimismus und besten Vorsätzen (Furstenberg & Spanier 1984). Sie tun dies wohl auch mit mehr Freude als ihre Kinder, die die familiären Veränderungen oft mit Skepsis wenn nicht sogar mehr oder minder offener Ablehnung verfolgen (Hetherington, Stanley-Hagan & Anderson 1989). Nicht selten hoffen die bislang alleinerziehenden Eltern, ihren Kindern endlich wieder eine „vollständige" Familie mit Mutter *und* Vater geben zu können, während die Kinder genau dies befürchten: den Verlust der eingespielten Familienregeln, -rollen und -beziehungen und vor allem die Konkurrenz des neuen Partners mit dem außerhalb lebenden oder verstorbenen Elternteil (Krähenbühl, Jellouschek, Kohaus-Jellouschek & Weber 1991; Visher & Visher 1988). In solchen zusammengesetzten Familien gilt also umso mehr, daß die Sichtweisen der Familienmitglieder oft divergieren (Hetherington 1991; Kurdek & Fine 1991), daß die Einschätzungen der Eltern nicht mit denen der Kinder gleichgesetzt werden können, sondern daß Kinder das Familienleben gemäß ihrer eigenen Bedürfnisse, Erwartungen und Aufgaben aus einer eigenen Perspektive erleben.

Um die Perspektive der Kinder geht es im folgenden primär, wenn Anforderungen, Probleme und Chancen im „Zusammenwachsen" von Stief- oder zusammengesetzten Familien[1] behandelt werden. Im Vordergrund stehen hierbei *primäre* Stieffamilien, also diejenigen, die durch Haushaltsgemeinschaft des Sorgeberechtigten bzw. überwiegend mit den Kindern zusammenlebenden ‚Elters'[2] mit einem neuen Partner entstehen. Da nach einer Scheidung zumeist die Mutter das Sorgerecht erhält, sind Stieffamilien derzeit überwiegend Stiefvater-Familien. *Sekundäre* oder „Wochenend"-Stieffamilien, in denen der außerhalb lebende Elter – zumeist der Vater – eine neue Partnerschaft eingeht, dürften mit ähnlichen Problemen konfrontiert sein. Allerdings ist hierüber nur wenig bekannt, da das Interesse der Familienforschung häufig an den Haushaltsgrenzen haltmacht (Ahrons & Wallisch 1987). Entsprechend wenig Fundiertes läßt sich über die neuen Partnerschaften außerhalb lebender Eltern sagen.

Zunächst gehen wir auf einige zentrale Probleme ein, die die Gestaltung von Familienbeziehungen in Stieffamilien erschweren, um vor diesem Hintergrund diejenigen Anforderungen bzw. „Aufgaben" näher zu betrachten, die sich den Kindern bei der Bildung einer zusammengesetzten Familie stellen. Die familiären Entwicklungsaufgaben, wie sie Griebel (in diesem Band) für Stieffamilien darstellt, werden also hier um die Perspektive der Kinder ergänzt. Mögliche Hindernisse wie auch Ressourcen bei der Bewältigung dieser Aufgaben werden aufgezeigt, und schließlich diskutieren wir Risiken und Chancen für die längerfristige Entwicklung der Kinder und Jugendlichen.

1.   Besonderheiten zusammengesetzter Familien

Stieffamilien sind keine Neuheit. Sie waren aufgrund der höheren Wochenbettsterblichkeit und infolge von Kriegen schon in früheren Zeiten weit verbreitet (siehe z. B. Friedl & Maier-Aichen 1991). So erlebten etwa nach dem Zweiten Weltkrieg mit ca. 25 % wesentlich mehr Kinder eine neue Partnerschaft eines Elters als dies gegenwärtig der Fall ist (Nauck 1991). Als „Erbe" dieser langen Vorgeschichte sind uns nicht zuletzt durch eine Vielzahl von Märchen wie „Schneewittchen", „Aschenbrödel" und „Hänsel und Gretel" negative Stereotype von Stieffamilien übermittelt worden, die auch heute noch die Erwartungen an Stieffamilien prägen (Ganong, Coleman & Mapes 1990).

Weit verbreitet ist vor allem das Bild der „bösen Stiefmutter", aber auch Kinder aus Stieffamilien werden negativer, nämlich als weniger aktiv, kraftloser, unangepaßter und belasteter einge- schätzt (Coleman & Ganong 1987). Einschlägige Befunde hierzu stammen zwar nicht aus der Bundesrepublik, sondern aus den U.S.A., aber wir haben wenig Anlaß zu der Hoffnung, daß in der deutschen Bevölkerung weniger negative Stereotype vorherr- schen. Inwieweit solche Klischees auch die Erwartungen der betroffenen Kinder an ihre Stiefeltern beeinflussen, ist noch eine weitgehend offene Frage. Allerdings sprechen Fallberichte dafür, daß zumindest Stiefmütter in dieser Hinsicht keinen leichten Stand haben (z. B. Visher & Visher 1987). Diese negativen Ste- reotypen machen es den Kindern und Eltern nicht leicht, sich unbefangen auf die neue Familiensituation einzustellen. Um solchen Zuschreibungen zu entkommen, werden die familiären Verhältnisse häufig tabuisiert, was allerdings neue Probleme mit sich bringt (Krähenbühl et al. 1991, Visher & Visher 1987).

Verschärft werden die Probleme bei der Herausbildung neuer Familienregeln und Beziehungsformen dadurch, daß soziale Richtlinien für die Gestaltung der Rollenbeziehungen in Stieffa- milien weitgehend fehlen. Unklarheiten und Ambiguitäten hin- sichtlich des richtigen Verhaltens als Stiefelter gegenüber den Kindern gehören zu den Risikofaktoren zusammengesetzter Fa- milien, die die Zufriedenheit mit dem Familienleben deutlich mindern (Kurdek & Fine 1991). Die mangelnde Institutionalisie- rung der Familienbeziehungen in Folgeehen (Cherlin 1978) be- trifft vor allem Stieffamilien, die nach einer Trennung oder Scheidung eines Elters entstanden sind, in denen also noch beide leiblichen Eltern (mehr oder minder) an der Erziehung des Kindes beteiligt sind oder zumindest Anteil an seiner Entwicklung neh- men. Schon in der Sprache macht sich bemerkbar, wie wenig wir darauf vorbereitet sind, auch nur Begriffe für die Beziehung zwischen z. B. ehemaligem und neuem Partner des sorgeberech- tigten Elters zu finden. Besonders deutlich wird die Unsicherheit an Festtagen und besonderen Ereignissen in der Biographie der Kinder wie Einschulung, Schulabschluß und Heirat, wo zu ent- scheiden ist, wer eingeladen wird: der Stiefelter und/oder der leibliche Elter, vielleicht auch dessen neue Partnerin bzw. neuer Partner, wenn sie/er als „Wochenendstiefelter" fungiert?

Komplexe und belastungsreiche Situationen entstehen auch, wenn beide Partner aus früheren Beziehungen Kinder in die neue Familie mitbringen und eine neue Balance der Verantwortung gegenüber den „alten" und „neuen" oder „meinen" und „deinen" Kindern gefunden werden muß. Bislang gibt es keine „Zuständigkeitsregeln" oder institutionalisierten Rollen, die das Verhalten in Stieffamilien erleichtern würden. Entsprechend finden sich in komplexen Stieffamilien eher Beeinträchtigungen der Ehebeziehung (Clingempeel et al.1987; Furstenberg 1987) und Probleme im Umgang mit den Kindern (z. B. Zill 1988; siehe auch Coleman & Ganong 1990). Häufig wird auf Regeln der „Normalfamilien" zurückgegriffen, die jedoch eine Gleichbehandlung und vor allem gleiche Liebe aller Kinder fordern und damit den Besonderheiten von Stieffamilien nicht gerecht werden. Es gilt vielmehr, die „Normalität eigener Art" von Stieffamilien anzuerkennen (Visher & Visher 1987).

Wie riskant es ist, sich als Stiefelter in die Rolle des leiblichen Elters zu begeben, zeigt sich auch am „Mythos der sofortigen Liebe", mit dem Stiefeltern sich selbst und die Kinder leicht überfordern (Krähenbühl et al.1991; Visher & Visher 1987). In den seltensten Fällen wollen und können die Kinder den neuen Partner schon bald als „wirklichen Elter" annehmen und lieben. Im Gegenteil sehen viele Kinder und Jugendliche zunächst ihre Loyalität zum außerhalb lebenden oder verstorbenen Elter auf dem Prüfstand, umso mehr, wenn die Trauer um den Verlust der Kernfamilie noch groß ist (Draughton 1975; Krähenbühl et al., 1991; Visher & Visher 1987). Entsprechendes gilt auch für die neuen Partner der leiblichen Eltern, deren „elterliche" Liebe zu den Kindern – trotz bester Vorsätze – zu Beginn der Partnerschaft nicht selbstverständlich vorausgesetzt werden kann. Die Beziehungen zu Stiefkindern müssen sich langsam entwickeln können, und zu hohe Erwartungen machen Enttäuschungen auf beiden Seiten nur umso wahrscheinlicher. Am ehesten scheinen noch Stiefväter in dieser Hinsicht günstige „Startchancen" zu haben, da sie meist eine eher distanzierte Position einnehmen

(Hetherington 1991), während Stiefmütter stärker in der Betreuung der Kinder engagiert sind und sich auch intensiver um ein emotional positives Verhältnis zu ihnen bemühen (Santrock & Sitterle 1987).

Schließlich gehört die Eifersucht zu einem der Hauptprobleme von zusammengesetzten Familien. Dies betrifft sowohl die Binnenintegration der Familie als auch ihre Abgrenzung nach aussen. Anders als in Kernfamilien (mit beiden leiblichen Eltern) entstehen leicht Konkurrenzverhältnisse zwischen der Partnerbeziehung und der Eltern-Kind-Beziehung (Bray 1988; Krähenbühl et al. 1991). Die Kinder können die neue Partnerschaft ihres leiblichen Elters als bedrohlich erleben, da die Liebe der Mutter oder des Vaters nun mit dessen Partner geteilt werden muß; ebenso mag der neue Partner bzw. die neue Partnerin die „ältere" Beziehung zwischen den Kindern und deren Elter als Konkurrenz zur neuen Partnerschaft sehen, da im Zweifels- bzw. Konfliktfall häufig die Loyalität der Eltern zu ihren Kindern siegt und die Partnerbeziehung geopfert wird. In zusammengesetzten Familien, wo beide Partner Kinder aus früheren Beziehungen mitbringen, besteht zudem die Gefahr einer unterschiedlichen Bevorzugung von oder auch nur Aufmerksamkeit gegenüber „seinen" und „ihren" Kindern (Hobart 1988), was Geschwisterrivalität, aber auch Partnerkonflikte begünstigt.

Probleme in der Abgrenzung des neuen Familiensystems gegenüber dem außerhalb lebenden Elter werden häufig als besondere Schwierigkeit derjenigen Stieffamilien genannt, die nach einer Scheidung entstehen (Hobart 1988). Vor allem nach einer Scheidung, aber selbst bei der Verwitwung eines Elters kann die Beziehung zum ehemaligen Partner zur Bedrohung für den neuen Partner bzw. die neue Partnerin werden, umso mehr, wenn die frühere Beziehung noch ungeklärt ist und/oder der ehemalige Partner als Druckmittel in der neuen Beziehung eingesetzt wird (Krähenbühl et al. 1991). Umgekehrt gilt ebenso, daß der außerhalb lebende Elter sich leicht ausgegrenzt fühlt und eifersüchtig auf den neuen Partner bzw. die neue Partnerin reagieren kann, wenn er seine Beziehung zu den Kindern bedroht sieht. Dies scheint vor allem Familien zu betreffen, in denen der Vater das

Sorgerecht erhielt, da außerhalb lebende Mütter eine engere Beziehung zu ihren Kindern aufrecht erhalten als außerhalb lebende Väter und entsprechend leichter interferieren, wenn eine neue Partnerin des Vaters als Stiefmutter hinzukommt. So sprechen einige Befunde dafür, daß nur in Stiefmutter-, nicht jedoch in Stiefvater-Familien die Beziehung der Kinder zum Stiefelter bei regelmäßigen Kontakten zum außerhalb lebenden Elter beeinträchtigt ist (Furstenberg & Seltzer 1983), teils findet sich dies allerdings nur für Töchter und nicht für Söhne (Brand, Clingempeel & Bowen-Woodward 1988). Vermutlich spielt hier die engere Bindung zwischen Müttern und Töchtern eine Rolle in Loyalitätskonflikten.

Hiermit sind eine Reihe zentraler Schwierigkeiten benannt, die das Zusammenleben in Stieffamilien zunächst komplizierter machen als die Beziehungen in Kernfamilien. Dem stehen fraglos auch Vorteile gegenüber, zumal, wenn man zusammengesetzte Familien mit chronisch konfliktbelasteten Kernfamilien vergleicht. Bevor wir auf die Frage nach den Vor- und Nachteilen für die Entwicklung der Kinder näher eingehen, sollen zunächst die spezifischen Anforderungen an die Kinder verdeutlicht werden, die sich beim Übergang von der Ein-Elter-Familie zur zusammengesetzten Familie stellen.

2. "Familienentwicklungs-Aufgaben" aus der Sicht der Kinder

Selbst wenn die Wiederheirat eines Elternteils ein relativ fest umrissenes „Ereignis" darstellen mag, so gehen dem doch graduelle Veränderungen im Familienleben voraus, die die Um- und Einstellung auf eine zusammengesetzte Familie vorbereiten. Im Zuge dieser Veränderungen sind nicht nur die Eltern und deren neue Partner, sondern auch die Kinder mit einer Reihe von „Aufgaben" konfrontiert, deren Bewältigung dazu beiträgt, das Zusammenleben in der neuen Familie positiv zu gestalten. Seitens der Kinder sind folgende Anforderungen beim Übergang in eine Stieffamilie zu meistern (z. B. Friedl & Maier-Aichen 1991;

Griebel 1990; Krähenbühl et al. 1991; Visher & Visher 1987; Walper 1993):

– Durch die neue Partnerschaft des Elters kann der „Verlust" der ursprünglichen Kernfamilie erneut bewußt werden, zumal er hierdurch noch mehr festgeschrieben wird. Dies gilt insbesondere für Scheidungskinder, kann aber auch Halbwaisen betreffen, die sich durch die neue Partnerschaft des verwitweten Elters erneut mit dem Tod des anderen Elters konfrontiert sehen. Am wenigsten sind hiervon vermutlich die Kinder lediger Mütter betroffen, wenn sie ihren Vater nie kennengelernt haben. Allerdings wurde gerade die letztgenannte Gruppe von Stiefkindern bislang von der Forschung fast völlig vernachlässigt, so daß wir auf Spekulationen angewiesen sind. Wichtig ist, daß die Kinder ihre Hoffnung auf eine Versöhnung der leiblichen Eltern aufgeben, so daß sie die neue Partnerschaft akzeptieren können.

– Für Trennungs- und Scheidungskinder gilt es hierbei auch, die Beziehung zum außerhalb lebenden Elter – zumeist handelt es sich um den Vater – zu sichern, um Loyalitätskonflikte und eine Konkurrenz zwischen leiblichem und Stiefelter zu vermeiden. In der Regel scheinen die Kontakte zum außerhalb lebenden Elter mit einer neuen Partnerschaft abzunehmen (Furstenberg 1988), aber nur selten dürfte dies im Interesse der Kinder sein.

– Dem neuen Partner muß auf verschiedenen Ebenen Platz eingeräumt werden: in der Wohnung, in der Festlegung von Familienregeln und -ritualen und in der Beziehung zum leiblichen Elter. Das bedeutet in der Regel Einschränkungen und Verluste, mit denen die Kinder sich abfinden, wenn nicht anfreunden müssen. Territoriumskämpfe lassen sich am ehesten vermeiden, wenn die neue Familie eine eigene Wohnung bezieht, so daß kein Familienmitglied ältere Rechte hat als die anderen. Aber auch Regeln für das Alltagsleben und Familienfeste müssen neu ausgehandelt werden.

– Schwieriger ist es, Platz in der Beziehung zum leiblichen Elter zu machen und den Verlust an Aufmerksamkeit und Zuwendung zu bewältigen. Dies gilt vor allem, wenn zuvor, in der Ein-Eltern-Phase, eine sehr enge, harmonische Beziehung zum alleinerziehenden Elter bestand. Vermutlich ist dies dafür verantwortlich, daß nach einer Reihe von Befunden Töchter in Stiefvater-Familien mehr Probleme aufweisen als Söhne, die eher ein belastetes Verhältnis zur alleinerziehenden Mutter haben (Hetherington 1991; Walper 1991).

– Da die Mitglieder von Stieffamilien in unterschiedlichem Maße eine gemeinsame Entwicklungsgeschichte teilen, gilt es, die fehlende Geschichte soweit als möglich nachzuvollziehen. Während der leibliche Elter die Kinder von Geburt an kennt, ist dies bei dem Stiefelter in der Regel nicht der Fall. Fehlendes Wissen um Besonderheiten der Kinder und deren Erfahrungen macht es dem neuen Partner des leiblichen Elters oft schwer, deren Reaktionen richtig einzuschätzen und zu verstehen.

– Die Rolle des neuen Partners in der Betreuung und Erziehung der Kinder wird nicht zuletzt von den Kindern mitgestaltet. Wie sich die Beziehung zwischen Stiefeltern und Stiefkindern entwickelt, hängt nicht nur davon ab, wie die Stiefeltern den Kindern entgegenkommen und sich um deren Vertrauen und Zuneigung bemühen, sondern auch davon, wie die Kinder auf das neue Familienmitglied reagieren, welche Einflußmöglichkeiten ihm eingeräumt werden und welche Form der Beziehung gemeinsam ausgehandelt wird.

– Bringen beide Partner eigene Kinder aus einer früheren Beziehung in die Familie mit, so müssen die Kinder auch untereinander ihre Beziehungen als Stiefgeschwister gestalten. Dies gilt auch, wenn die Kinder sich nur sporadisch, etwa nur an Wochenenden sehen, wie es häufig der Fall ist, wenn neben einer primären auch eine sekundäre Stieffamilie entsteht, bei der die Kinder von einem Partner nicht im gemeinsamen Haushalt, sondern beim anderen leiblichen Elter leben.

– Und schließlich müssen die Kinder Beziehungen zum erweiterten Verwandtschaftskreis aufbauen, nämlich zu den Stief-Großeltern, Stief-Tanten, Stief-Onkeln, Stiefcousinen und

-cousins. Hierbei spielt der Stiefelter vermutlich eine wichtige Vermittlerrolle, aber auch die Kinder gestalten diese Beziehungen mit.

Die Vielfältigkeit und Komplexität dieser Anforderungen macht deutlich, daß zusammengesetzte Familien ein höheres Risiko für Konflikte und Belastungen haben, weil in vielen Bereichen eigenständige Lösungen gefunden werden müssen. Institutionelle Hilfen, Bildungs- und Beratungsangebote hierfür fehlen noch weitestgehend. Nur vereinzelt finden sich spezialisierte Beratungsstellen oder Selbsthilfegruppen, die bei der angemessenen Deutung der Probleme und deren Bewältigung helfen können. Entsprechend stark sind die Familien auf ihre eigenen Ressourcen angewiesen. Welche Faktoren in diesem Sinne auf die Bewältigung familiärer Anforderungen Einfluß nehmen können, ist Gegenstand des folgenden Abschnitts.

3. Ressourcen und Hindernisse für die Entwicklung von zusammengesetzten Familien

Im Rahmen von Modellen familiärer Streßbewältigung (siehe Schneewind 1991) lassen sich wesentliche Aspekte von Ressourcen und Barrieren einordnen, die die Bewältigung spezifischer Anforderungen in Stieffamilien und damit ihren Entwicklungsverlauf wie auch den ihrer Mitgliedern mitbestimmen. Ob die Anforderungen bei der Integration eines Stiefelters ins Familiensystem zur Belastung werden oder gar eine Krise auslösen, hängt demnach sowohl von der Einschätzung der Problemsituation bzw. des Stressors seitens der Familie ab als auch von den verfügbaren Ressourcen, deren Wahrnehmung und natürlich deren Mobilisierung im Verlauf der Problembewältigung. Kumulieren viele Stressoren, so sind Beeinträchtigungen – eben „Streß" des Familiensystems – umso wahrscheinlicher.

Seitens der Ressourcen und Risikofaktoren sind zunächst kontextuelle Faktoren zu nennen, die sowohl die ökonomische Situation der Familie als auch ihre soziale Integration und ihr Prestige betreffen. Familienbiographische Besonderheiten etwa hinsichtlich der vorausgegangenen Trennung der leiblichen Eltern und der Gestaltung der Beziehungen in der Ein- Eltern-Phase wurden teils schon als wichtige Ausgangsbedingungen für die Umgestaltung des Familiensystems erwähnt. Des weiteren hat sich die jeweilige Stellung im Familienzyklus als bedeutsam erwiesen, also der Stand der Familienentwicklung, insbesondere hinsichtlich des Alters der Kinder, mit dem normative Veränderungen in den familiären Aufgaben und Beziehungen einhergehen. Die genannten Faktoren hängen teils wieder mit internen Ressourcen des Familiensystems zusammen, die in der Art des Zusammenlebens, besonders der Kohäsion der Beziehungen wie auch der Anpassungsfähigkeit der Familie begründet sind. Und schließlich gehören persönliche Ressourcen der Familienmitglieder und individuelle wie auch familiäre Strategien der Belastungsbewältigung zu den Charakteristiken von Stieffamilien, die mehr oder minder positive Entwicklungen erwarten lassen.

4. Sozio-ökonomische Faktoren und soziale Unterstützung

Daß die sozio-ökonomische Situation für zusammengesetzte Familien eine nicht zu unterschätzende Bedeutung hat, legen eine Reihe von Studien nahe. Erstens finden sich in der Unterschicht deutlichere Nachteile für Stief- gegenüber Kernfamilien als in der Mittelschicht (Ferri 1984), und zweitens werden in der Beratung mit Stieffamilien häufig finanzielle Probleme als Belastungsfaktor herausgestellt (Ley & Borer 1992). Dies gilt vor allem, wenn einer der Partner noch außerhalb lebende Kinder zu versorgen hat und so das Familienbudget geschmälert wird. So ist zu vermuten, daß finanzielle Knappheit, berufliche Unsicherheiten, beengte Wohnverhältnisse etc. gemeinsam mit den ohnehin beträchtlichen Anforderungen an die Gestaltung des Familienlebens leicht zu einer Belastungsprobe für das Familiensystem werden. Gleichzeitig haben finanzielle Konflikte häufig eine besondere Bedeutung, da Fragen der Zuwendung und Ausgrenzung, der Kontrolle und der Gerechtigkeit bevorzugt im Kampf um knappe Ressourcen ihren Ausdruck finden.

Auch die jeweilige soziale Einbettung der (Stief-)Eltern in ein Netzwerk positiver, unterstützender Beziehungen erweist sich als relevant, nicht nur für die individuelle Befindlichkeit der Partner, sondern auch für die Qualität deren Ehebeziehung (Kurdek 1989a, 1989b). Da in Ein-Eltern-Familien die Herkunftsfamilie häufig eine wichtige Quelle finanzieller und praktischer Hilfen ist (Napp-Peters 1985), ließe sich zunächst vermuten, daß auch bei Wiederverheirateten die jeweiligen Herkunftsfamilien der Partner häufiger soziale Unterstützung bereitstellen. Dies ist jedoch nicht der Fall. Im Gegenteil scheinen die Partner in zusammengesetzten Familien noch seltener auf ihre Herkunftsfamilien zurückzugreifen als Partner in Erstehen, insbesondere, wenn beide Ehepartner in der Stieffamilie schon eine Scheidung hinter sich haben (Kurdek 1989a). Vermutlich werden im Zuge einer Ehescheidung vielfach die Kontakte zu den eigenen Eltern belastet. Auch andere Befunde legen nahe, daß für Alleinerziehende vor allem der Freundeskreis eine wichtige Rolle spielt (Nave-Herz & Krüger 1991).

5. Stellung im Familienzyklus

Für die Bewältigung der Aufgaben, die die Integration eines Stiefelters ins Familiensystem mit sich bringt, scheinen besonders ungünstige Bedingungen gegeben zu sein, wenn in der zusammengesetzten Familie Kinder im Jugendalter leben (Hetherington 1991; Steinberg 1987; Visher & Visher 1987). Zunehmende Autonomiebedürfnisse der Jugendlichen und eine stärkere Orientierung an Gleichaltrigen außerhalb der Familie stehen dann häufig dem Bemühen der Eltern entgegen, eine möglichst kohäsive „richtige" Familie zu bilden und die Kinder ins Familienleben einzubinden. Zudem kann eine besonders zärtliche, offenkundig erotische Beziehung zwischen den Partnern die Auseinandersetzung der Jugendlichen mit ihrer eigenen Sexualität beeinflussen und zu einer starken Sensibilisierung auf diesem ohnehin oft heiklen Gebiet beitragen.

Autoritätskonflikte zwischen Stiefelter und Stiefkindern werden als hauptsächliche Probleme von Stieffamilien in dieser Entwicklungsphase genannt, da die Jugendlichen Erziehungsbemühungen des Stiefelters häufig als nicht legitime Einflußnahme erleben und dessen Rolle im Familiensystem in Frage stellen (Giles-Sims & Crosbie-Burnett 1989). Nach Befunden zur Machtverteilung in Stiefvater-Familien mit Jugendlichen (Giles-Sims & Crosbie-Burnett 1989) steigt mit dem Alter der Jugendlichen das Risiko, daß die Eltern bei wichtigen Familienentscheidungen weniger Einfluß haben als die Jugendlichen. Eine Reihe weiterer Faktoren trägt hierzu ebenfalls bei: Wenn der Stiefvater nicht wesentlich mehr zum Haushaltseinkommen beiträgt als die Mutter, also keine hervorgehobene Rolle als Ernährer der Familie spielt, und wenn die Jugendlichen häufige Kontakte zum außerhalb lebenden leibliche Vater haben, sehen die Stiefväter den elterlichen Einfluß schwinden. Interessanterweise stellt sich die jeweilige Beziehung der Mütter und Stiefväter zu ihren ehemaligen Partnern als bedeutsame Ressource dar: Je besser sich die Beziehung des Stiefvaters zu seiner ehemaligen Partnerin gestaltet, desto mehr wird seine bzw. die elterliche Machtposition gestärkt und desto weniger dominant ist der Einfluß der Jugendlichen in der Stieffamilie, zumindest aus der Sicht der Mutter. Eine gute Beziehung der Mutter zum außerhalb lebenden Elter der Kinder stärkt allerdings eher die Position der Jugendlichen, nicht die der Eltern. Auch wenn der Stiefvater ein eigenes Kind aus einer früheren Beziehung hat, gewinnt er mehr Einfluß, vermutlich, da die größere Erfahrung mit Erziehungsfragen mehr Selbstsicherheit in der Verteidigung des eigenen Standpunkts verleiht.

Beim Einfluß auf alltägliche Entscheidungen kommen anscheinend etwas andere Faktoren zum Tragen. Hier haben die Eltern am ehesten dann einen geringeren Einfluß, wenn die Folgeehe erst kurze Zeit besteht, wenn der Stiefvater wenig und der leiblichen Vater viel zum Unterhalt der Jugendlichen beiträgt und – wiederum – wenn der Stiefvater keine gute Beziehung zu seiner früheren Frau hat oder als Alleinstehender zuvor unzufrieden war. Stieftöchter behalten leichter das Sagen bei Alltagsentscheidungen als Stiefsöhne, vermutlich, weil ihnen schon in der Ein-Eltern-Phase von den Müttern eine entsprechend stärkere Position eingeräumt wurde.

6. Vorgeschichte der Familie

Damit sind die früheren Familienbeziehungen angesprochen, die den Hintergrund für die Neugestaltung des Familiensystems bilden und damit ebenfalls einen Einfluß darauf haben, welche Verluste und potentiellen Gewinne die Integration eines Stiefelters für die einzelnen Familienmitglieder mit sich bringt. Häufig wird darauf hingewiesen, daß den Kindern die Umstellung umso schwerer fällt, je enger die Beziehung zum sorgeberechtigten Elter in der Ein-Eltern-Phase war (Krähenbühl et al. 1991; Visher & Visher 1987). Nach einer Scheidung, Trennung oder Verwitwung besteht nicht selten die Gefahr, daß die „Lücke", die der andere Elter in der Familie hinterläßt, partiell durch die Kinder ausgefüllt wird. Hierbei geht es nicht nur um praktische Hilfen im Haushalt, sondern auch um Funktionen auf der Beziehungsebene. Werden die Kinder zu Vertrauten des alleinerziehenden Elters und tragen dessen Sorgen und Nöte mit, so bedeutet dies zwar einerseits eine große, meist schwere Verantwortung und ernste Aufgabe, andererseits gewinnen die Kinder hierdurch eine bedeutsame Stellung, die für ihr Selbstwertgefühl zentral werden kann. Umso schwerer fällt dann der Verlust dieser hervorgehobenen Position, wenn ein neuer Partner die Rolle des Vertrauten übernimmt.

Einiges spricht dafür, daß dies eher Töchter als Söhne betrifft, denn Mädchen reagieren stärker negativ auf einen Stiefvater und gehen eher in Konkurrenz zur neuen Partnerbeziehung der Mutter (siehe Walper 1993). Nach Hetherington (1991) haben die Mädchen, die sich nach einer Scheidung der Eltern zumeist rasch an die neue Situation gewöhnen und kaum Belastungsreaktionen zeigen, wesentlich mehr zu verlieren als Jungen, die stärkere Probleme bei der Umstellung auf das Leben in einer Mutter-Familie aufweisen. Allerdings gibt es auch Befunde und Beobachtungen, nach denen eher Jungen eine Paaridentifizierung erleben und versuchen, der Mutter den außerhalb lebenden Vater zu ersetzen (Krähenbühl et al. 1991). Leider lassen die meisten Befunde nur indirekt vermuten, daß die Rolle der Kinder in der Ein-Eltern-Phase beziehungsweise die Vorgeschichte ihrer Beziehung zum sorgeberechtigten Elter einen Einfluß auf ihre Reaktionen in der Stieffamilie hat.

Einen „kritischen Punkt" stellt häufig die Beziehung zum außerhalb lebenden Elter dar, weil starke Konflikte selten mit der Scheidung beendet sind und somit auch das Leben in der Nachscheidungsphase und in der zusammengesetzten Familie beeinflussen können. Waren die Ehebeziehungen vor der Scheidung besonders feindselig, konflikthaft und belastungsreich, so gelingt es den Ex-Partnern wesentlich schwerer, ihre Spannungen und Konflikte nach der Scheidung beizulegen (Maccoby, Depner & Mnookin 1990; Kline, Johnston & Tschann 1991). Wenn der allein- erziehende Elter dann wieder eine neue Partnerschaft eingeht, so mag es ihm wünschenswert erscheinen, den Kontakt zum ehemaligen Partner zu reduzieren oder sogar einzustellen, zumal, wenn der neue Partner möglichst rasch die Aufgaben des „richtigen" Elters übernehmen soll. In der Tat verringern sich beim Übergang von der Scheidungs- zur Stieffamilie überwiegend die Kontakte zum außerhalb lebenden Elter, allerdings nicht nur, wenn die zuvor alleinerziehende Mutter einen neuen Partner findet, sondern vor allem, wenn der außerhalb lebende Vater wieder eine neue Partnerschaft eingeht, also eine sekundäre Stieffamilie mit „Wochenend-Stiefmutter" entsteht (Furstenberg 1988).

Selbst wenn die neuen Partner mit dem Rückzug (oder Ausschluß) des anderen leiblichen Elter eine gewisse Erleichterung erleben, so begünstigt dies jedoch seitens der Kinder Loyalitätskonflikte. Eine stärkere Opposition gegen und Konkurrenz der Kinder mit dem Stiefelter ist dann umso wahrscheinlicher, da es in ihren Augen gilt, die Beziehung zum ausgeschlossenen leiblichen Elter zu verteidigen. Auch hier läßt sich verdeutlichen, daß die Interessen der Eltern keineswegs immer denen der Kinder entsprechen müssen, selbst wenn die Eltern glauben, „klare Verhältnisse" schaffen zu müssen, um ihren Kindern die Situation zu erleichtern. Loyalitätsprobleme entstehen übrigens kaum per se durch die Einbindung der Kinder in zwei Haushalte, sondern vor allem bei mangelndem Zugang zum anderen Elter, bei einer Abwertung des ehemaligen Partners gegenüber den Kindern und wenn die Kinder dazu benutzt werden, Informationen zwischen den ehemaligen Partnern zu übermitteln (Lutz 1983; Lehmkuhl 1991).

Frühere Beziehungen bestimmen also einerseits mögliche Gewinne und Verluste durch die Integration eines Stiefelters ins Familiensystem, andererseits könnn sie als „Störfaktoren" wirken, mit denen die Familienmitglieder umzugehen versuchen. Entsprechende Lösungsversuche bringen häufig nur für einen Teil der Familie eine Erleichterung, während andere Familienmitglieder sie durchaus als Bedrohung erleben können.

Die familiäre Vorgeschichte bzw. frühere Beziehungen einzelner Familienmitglieder sind jedoch auch insofern bedeutsam, als sie Modelle für die Gestaltung späterer Beziehungen darstellen und Erwartungen an das Verhalten anderer prägen. Hier spielen persönliche soziale Kompetenzen eine bedeutsame Rolle.

7. Soziale Kompetenzen und Erwartungen

Wie sich die Familienbeziehungen gestalten, hängt auch wesentlich von den sozialen Fähigkeiten der Beteiligten, ihren Erwartungen an das Verhalten anderer und ihren eigenen Rollenvorstellungen ab. Nach Befunden von Kurdek & Fine (1991) sind Mütter in Stiefvaterfamilien umso weniger mit ihrem Familienleben zufrieden, je unsicherer sie hinsichtlich der Rolle ihres Partners als Stiefvater sind, je mehr „Mythen" über Stieffamilien sie vertreten (z. B. den Mythos „sofortiger Liebe" zwischen Stiefeltern und Stiefkindern) und je weniger optimistisch sie ihre Zukunft als Stieffamilie sehen. Im Gegensatz zu den Müttern tragen Rollenambiguität, Pessimismus und Stieffamilienmythen bei den Stiefvätern nicht nur zur Unzufriedenheit mit dem Ehe- und persönlichen Leben bei, sondern auch und vor allem zur geringeren Zufriedenheit mit der Beziehung zu den Stiefkindern. Disfunktionale, entmutigende Vorstellungen über das Zusammenleben in Stieffamilien haben also nachteilige Konsequenzen, vermutlich zunächst für die Gestaltung der familiären Interaktionen und hierüber vermittelt auch für die Zufriedenheit der Beteiligten mit dem Familienleben.

Offenkundig begünstigt auch eine höhere Expressivität der Partner – übrigens beider Partner – positivere Ehebeziehungen, und zwar in Erstehen wie auch in Stiefvaterfamilien (Kurdek 1989b). Vermutlich gehen hiermit eine differenziertere Perspektivenübernahme und flexiblere Konfliktbewältigungsstrategien einher, die ihrerseits die wechselseitige Anpassung in der Partnerschaft erleichtern. Geringe Depressivität, Ausgeglichenheit versus leichte Reizbarkeit sind ebenfalls Persönlichkeitsmerkmale der Eltern, die die Ehebeziehung, aber auch die Eltern-Kind-Interaktion positiv mitbestimmen.

Aber nicht nur Charakteristika der Eltern, sondern auch Persönlichkeitsmerkmale der Kinder haben einen Einfluß auf die Entwicklung der Familienbeziehungen. Wichtigen Aufschluß hierzu gibt die Studie von Hetherington (1991), die Scheidungsfamilien mit sorgeberechtigter Mutter über sechs Jahre hinweg längsschnittlich verfolgte und auch die Gründung von Stieffamilien beobachten konnte. Kinder, die als „schwierig" eingeschätzt werden, also vermehrt intensive negative Gefühle äußern, leicht reizbar, launisch, unruhig und ablenkbar sind und sich nur schwer auf neue Situationen einstellen können, bereiten ihren Müttern in der Anpassungsphase, also in den ersten zwei Jahren nach einer Wiederheirat, die größeren Probleme. Die Mütter haben dann weniger Kontrolle über die schwierigen im Vergleich zu ausgeglicheneren Kindern und zeigen ihnen gegenüber mehr negatives Verhalten. Nach den ersten zwei Jahren legen sich diese Probleme anscheinend wieder.

Im Umgang mit den Stiefvätern zeigte sich interessanterweise ein gegenläufiges Muster: Hier bestanden zunächst keine Unterschiede in der Interaktion mit ansonsten schwierigen oder unproblematischen Kindern. Erst nach zwei Jahren begegneten die Stiefväter den schwierigen Kindern auch mit mehr negativem Verhalten und beantworteten deren Angriffe eher mit Gegenattacken oder anderen Interaktionsmanövern, die der Fortsetzung von Konflikten dienten. Tatsächlich sind es eher die ansonsten angepaßteren, nicht schwierigen Söhne, die den Stiefvätern zunächst mit Ablehnung begegnen. Sie scheinen aber im Verlauf der ersten zwei Jahre ihre Beziehung zum Stiefvater „ausgehandelt" zu haben, so daß negative Interaktionszyklen abnehmen, während nun, nach den ersten zwei Jahren, die schwierigeren Jungen mehr Probleme bereiten. Vermutlich ist also ein gewisses Maß an Auseinandersetzungen und Konflikten, auch die anfänglichliche Ablehnung des Stiefelters seitens der Kinder ein notwendiges Übel und sogar fruchtbar für den Aufbau einer Beziehung, zumindest zwischen Stiefsöhnen und Stiefvätern.

Wie entscheidend das Verhalten der Kinder und Jugendlichen gerade in Stieffamilien die Interaktionen mitbestimmt, zeigt auch eine neuere Studie von Mavis Hetherington, Glenn Clingempeel und ihren Mitarbeiter/innen (1992). Während in Kernfamilien beispielsweise aggressiv-ausagierendes Problemverhalten der Jugendlichen bei negativem Verhalten der Mutter über die Zeit hinweg zunimmt, also hierdurch begünstigt wird, ergibt sich in Stieffamilien ein Bild der gegenläufigen Verursachung. Hier ist es eher das Verhalten der Kinder bzw. Jugendlichen, das das positive und negative Verhalten der Eltern bestimmt. Offensichtlich haben Kinder in Stieffamilien einen größeren Gestaltungsspielraum, d. h. die Eltern sind eher bereit, ihre Reaktionen auf die Kinder einzustellen als umgekehrt.

8. Die Stieffamilie als Entwicklungskontext: Vor- und Nachteile für die Kinder

In einer Stieffamilie aufzuwachsen, bringt offensichtlich eine Vielzahl von Herausforderungen und potentiellen Belastungen mit sich. Und in der Tat erweisen sich Stiefkinder im Vergleich zu Kindern aus Kernfamilien mit beiden leiblichen Eltern als aggressiver und ungehorsamer; sie haben ein schlechteres Selbstbild und sind stärker von der Meinung Gleichaltriger abhängig; sowohl ihre Schulleistungen als auch ihre psychische Gesundheit sind eher beeinträchtigt (Bray 1988; Ferri 1984; Hetherington, Cox & Cox 1982; Lindner, Hagan & Brown 1992; Walper 1991; Zill 1988).

Hinzu kommt, daß Stiefkinder zumeist gleichzeitig auch Scheidungskinder sind, so daß Nachteile für deren Entwicklung schon aus diesem Grund zu erwarten sind. Stellt man diese „Vorerfahrungen" der Stiefkinder in Rechnung und vergleicht sie nicht (nur) mit Kindern aus Kernfamilien, so finden sich interessanterweise nur noch wenige Besonderheiten der Stiefkinder (z. B. Lindner, Hagan & Brown 1992; Walper 1991; Zill 1988).

Man könnte nun schließen, daß die Probleme von Stiefkindern im wesentlichen auf die Vorgeschichte der Familie, nämlich die Belastungen durch die elterliche Trennung zurückzuführen sind. Allerdings wird dies den besonderen Anforderungen an Kinder in zusammengesetzten Familien wohl nicht gerecht. Eher ist zu vermuten, daß sich Vor- und Nachteile von Stieffamilien vielfach die Waage halten, denn auch das, was die Kinder durch einen neuen Partner des leiblichen Elters hinzugewinnen, darf nicht übersehen werden. Hierzu gehört zunächst – jedenfalls bei Stiefvätern – die Verbesserung der finanziellen Situation, denn in der Regel helfen Stiefväter, den Einkommensverlust der Mütter bei Auflösung der Ehe zu kompensieren (Heekerens 1988). Durch die entspannteren materiellen Lebensumstände ergeben sich neue Handlungsspielräume, die nicht zuletzt den Kindern zugute kommen. Zudem helfen Stiefeltern den leiblichen Eltern, die alltäglichen Familienarbeiten zu bewältigen (Furstenberg & Spanier 1984). Hierbei können Kinder entweder direkt entlastet werden, wenn der neue Partner bzw. die neue Partnerin Aufgaben übernimmt, die bisher von den Kindern erledigt wurden. Sie können aber auch und vor allem indirekt entlastet werden, wenn der leibliche Elter nun mehr Zeit für die Kinder hat oder auch nur weniger psychisch angespannt und überlastet ist, und schließlich bringt ein Stiefelter auch neue Interaktionsformen, Interessen, Aktivitäten, soziale Kontakte und Beziehungen in die Familie, die den Erfahrungsraum der Kinder erweitern (Ihinger-Tallman & Pasley 1987).

Unter welchen Bedingungen Kinder und Jugendliche eher von einem Leben in einer zusammengesetzten Familie profitieren, und unter welchen Bedingungen es für sie günstiger ist, bei einem alleinerziehenden Elter zu bleiben, ist keineswegs geklärt. Entscheidende Informationen hierzu fehlen, solange einschlägige Forschungsarbeiten ausstehen. Immerhin finden sich vereinzelte

Befunde, die zeigen, daß sich nach einer Wiederheirat sowohl die Beziehung zwischen sorgeberechtigter Mutter und deren Kindern als auch die Befindlichkeit der Kinder verbessern kann (Peterson & Zill 1986). Zumindest bis zum Jugendalter scheint ein Stiefelter auch zur Immunisierung gegenüber negativen Einflüssen devianter Gleichaltriger beizutragen (Steinberg 1987). Ob auch das soziale Verständnis, das Einfühlungsvermögen und vor allem die Konfliktlösungsstrategien der Kinder von der Erfahrung einer neuen, tragfähigen Partnerschaft der Eltern profitieren können, bedarf erst noch entsprechender Untersuchungen. Wichtig ist jedenfalls, Stiefkinder nicht nur unter der Perspektive denkbarer Defizite, sondern auch im Hinblick auf ihre positiven Lernerfahrungen zu betrachten.

Anmerkungen

1 Die beiden Begriffe „Stief-" und „zusammengesetzte" Familien werden hier gleichbedeutend verwendet. Die Bezeichnung Stieffamilie ist zwar im Gegensatz zur zusammengesetzten Familie weitgehend negativ konnotiert, erlaubt aber einfachere Kennzeichnungen der familiären Rollen und Beziehungen (z.B. Stiefkind, Stiefvater etc.).

2 Da Elternschaft nicht nur in der Partnerschaft ausgeübt wird, scheint es angemessen, nicht mehr von einem Eltern„teil" zu sprechen, sondern – wie Hoffmann-Riem (1989) – auf die (ältere) Sprachform „Elter" zurückzugreifen.

Literatur

Ahrons, C.R. & Wallisch, L. (1987). Parenting in the binuclear family: Relationships between biological and stepparents. In: K. Pasley, & M. Ihinger-Tallman (Hrsg.), Remarriage and stepparenting. Current research and theory. (S. 225-256). New York: Guilford Press.

Brand, E., Clingempeel, W.G. & Bowen-Woodward, K. (1988). Family relationships and children's psychological adjustment in stepmother and stepfather families. In: E.M. Hetherington & J.D. Arasteh (Hrsg.), Impact of divorce, single parenting, and stepparenting on children (S. 299-323). Hillsdale, N.J.: Erlbaum.

Bray, J.H. (1988). Children's development during early remarriage. In E.M. Hetherington & J.D. Arasteh (Hrsg.), Impact of divorce, single parenting, and stepparenting on children (S. 279-298). Hillsdale, N.J.: Erlbaum.

Cherlin, A. (1978). Remarriage as an incomplete institution. American Journal of Sociology, 84, 634-650

Clingempeel, W.G., Brand, E. & Segal, S. (1987). A multilevel-multivariable-developmental perspective for future research on stepfamilies. In: K. Pasley & M. Ihinger-Tallman (Hrsg.), Remarriage and stepparenting. Current research and theory (S. 65-93). New York: Guilford Press

Coleman, M. & Ganong, L.H. (1987). The cultural stereotyping of stepfamilies. In: K. Pasley & M. Ihinger-Tallman (Hrsg.), Remarriage and stepparenting. Current research and theory (S. 19-41). New York: Guilford Press

Coleman, M. & Ganong, L.H. (1990). Remarriage and stepfamily research in the 1980s: Increased interest in an old family form. Journal of Marriage and the Family, 52, 925-940

Ferri, E. (1984). Stepchildren. A national study. Windsor, U.K.: NFER-Nelson.

Friedl, I. & Maier-Aichen, R. (1991). Leben in Stieffamilien. Familiendynamik und Alltagsbewältigung in neuen Familienkonstellationen. Weinheim, München: Juventa.

Furstenberg, F.F. (1987). Fortsetzungsehen. Ein neues Lebensmuster und seine Folgen. Soziale Welt, 38, 29 - 39.

Furstenberg, F.F., Jr. (1988). Child care after divorce and remarriage. In: E.M. Hetherington & J.D. Arasteh (Hrsg.), Impact of divorce, single-parenting, and stepparenting on children (S. 245-261). Hillsdale, N.J.: Erlbaum.

Furstenberg, F.F.Jr., & Seltzer, J.A. (1986). Divorce and child development. In: P. Adler & P.A. Adler (Hrsg.), Sociological studies of child development Bd. I (S. 137-160). Greenwich.

Furstenberg, F.F.Jr. & Spanier, G.B. (1984). Recycling the family: Remarriage after divorce. Beverly Hills, CA: Sage.

Ganong, L., Coleman, M. & Mapes, D. (1990). A meta-analytic review of family structure stereotypes. Journal of Marriage and the Family, 52, 287-297.

Giles-Sims, J. & Crosbie-Burnett, M. (1989). Adolescent power in stepfather families: A test of normative-resource theory. Journal of Marriage and the Family, 51, 1065-1078.

Heekerens, H. P. (1988). Die zweite Ehe. Wiederheirat nach Scheidung und Verwitwung. Weinheim: Deutscher Studien Verlag.

Hetherington, E.M. (1991). The role of individual differences and family relationships in children's coping with divorce and remarriage. In: P.A. Cowan & E.M. Hetherington (Hrsg.), Family transitions (S. 165 - 194). Hillsdale, New Jersey: Erlbaum.

Hetherington, E.M., Cox, M. & Cox, R. (1982). Effects of divorce on parents and children. In: M.E. Lamb (Hrsg.), Nontraditional families: Parenting and child development (S. 233-288). Hillsdale, N.J.: Lawrence Erlbaum.

Hetherington, E.M., Stanley-Hagan, M. & Anderson, E.R. (1989). Marital transitions. A child's perspective. American Psychologist, 44, 303-312.

Hobart, C. (1988). Familiy systems in remarriage: An exploratory study. Journal of Marriage and the Family, 50, 649-661

Hoffmann-Riem, C. (1989). Elternschaft ohne Verwandtschaft: Adoption, Stiefbeziehung und heterologe Insemination. In: R. Nave-Herz, & M. Markefka (Hrsg.), Handbuch der Familien- und Jugendforschung. Band 1: Familienforschung (S. 389-411). Neuwied: Luchterhand.

Ihinger-Tallman, M. & Pasley, K. (1987). Divorce and remarriage in the American family: A historical review. In: K. Pasley & M. Ihinger-Tallman (Hrsg.), Remarriage and stepparenting. Current research and theory (S. 3-18). New York: Guilford Press.

Kline, M., Johnston, J.R. & Tschann, J.M. (1991). The long shadow of marital conflict: A model of children's postdivorce adjustment. Journal of Marriage and the Family, 53, 297-309.

Krähenbühl, V., Jellouschek, H., Kohaus-Jellouschek, M. & Weber, R. (1991). Stieffamilien. Struktur - Entwicklung - Therapie (3. aktualisierte Aufl.) Freiburg i.Br.: Lambertus.

Kurdek, L.A. (1989a). Social support and psychological distress in first-married and remarried newlywed husbands and wives. Journal of Marriage and the Family, 51, 1047-1052.

Kurdek, L.A. (1989b). Relationship quality for newly married husbands and wives: Marital history; stepchildren, and individual difference predictors. Journal of Marriage and the Family, 51, 1053-1064.

Kurdek, L.A. & Fine, M.A. (1991). Cognitive correlates of satisfaction for mothers and stepfathers in stepfather families. Journal of Marriage and the Family, 53, 565-572.

Lehmkuhl, U. (1991). Erfahrungen von Kindern und Jugendlichen im Rahmen der Trennung - Empirische Daten. Zeitschrift für Familienforschung, 3 (2), 5-13.

Ley, K., & Borer, C. (1992). Und sie paaren sich wieder. Über Fortsetzungsfamilien. Tübingen: Edition diskord.

Lindner, M.S., Hagan, M.S. & Brown, J.C. (1992). The adjustment of children in nondivorced, divorced single-mother, and remarried families. In: E.M. Hetherington, W.G. Clingempeel et al. (Hrsg.), Coping with marital transitions. Monographs of the Society for Research in Child Development, No. 227 (Vol. 57, S. 35-72).

Lutz, E.P. (1983). The stepfamily: An adolescent perspective. Family Relations, 32, 367-375.

Maccoby, E.E., Depner, C.E. & Mnookin, R.H. (1990). Coparenting in the second year after divorce. Journal of Marriage and the Family, 52, 141-155.

Napp-Peters, A. (1985). Ein-Elternteil-Familien. Soziale Randgruppe oder neues familiales Selbstverständnis? Weinheim: Juventa.

Nauck, B. (1991). Familien- und Betreuungssituation im Lebenslauf von Kindern. In H. Bertram (Hrsg.), Die Familie in Westdeutschland, Stabilität und Wandel familialer Lebensformen. (S. 389-428). Opladen: Leske & Budrich.

Peterson, J.L. & Zill, N. (1986). Marital disruption, parent-child relationships, and behavior problems in children. Journal of Marriage and the Family, 48, 295-307.

Santrock, J.W. & Sitterle, K.A. (1987). Parent-child relationships in stepmother families. In: K. Pasley & M. Ihinger-Tallman (Hrsg.), Remarriage and stepparenting. Current research and theory (S. 273-299). New York: Guilford Press.

Schneewind, K.A. (1991). Familienpsychologie. Stuttgart: Kohlhammer.

Steinberg, L. (1987). Single parents, stepparents, and the susceptibility of adolescents to antisocial peer pressure. Child Development, 58, 269-275.

Visher, E.B. & Visher, J.S. (1987). Stiefeltern, Stiefkinder und ihre Familien. Probleme und Chancen. München: Psychologie Verlags Union.

Visher, E. & Visher, J.S. (1988). Old loyalties, new ties. New York: Brunner & Mazel.

Walper, S. (1991). Trennung der Eltern und neue Partnerschaft: Auswirkungen auf das Selbstkonzept und die Sozialentwicklung Jugendlicher. Schweizerische Zeitschrift für Psychologie, 50, 34-47.

Walper, S. (1993). Stiefkinder. In: M. Markefka & B. Nauck (Hrsg.), Handbuch der Kindheitsforschung (S.429-438). Neuwied : Luchterhand.

Zill, N. (1988). Behavior, achievement, and health problems among children in stepfamilies: Findings from a national survey of child health. In: E.M. Hetherington & J.D. Arasteh (Hrsg.), lmpact of divorce, single parenting, and stepparenting on children (S. 325-368). Hillsdale, N.J.: Erlbaum.

Stieffamilie – Zweitfamilie
Theologische Überlegungen

von

WALDEMAR MOLINSKI SJ

1. Aufgeschlossenheit für die Stief- und Zweitfamilien fördern

Die sogenannte moderne Familie, die Familie der europäischen Neuzeit, in der der Mann das Geld verdient und die Frau ihren Haushalt mit einer mehr oder weniger großen Kinderschar führt, ist historisch gesehen jung und kann – zumindest soziologisch betrachtet – trotzdem nicht mehr als die normale bzw. typische Familienform angesehen werden. Sie bezeichnet eine Familienform, die in der BRD und in den meisten westlichen Industrie- bzw. Sozialländern zumindest nicht mehr eindeutig vorherrscht, obwohl diese Familienform zweifellos noch in vielen Köpfen als die eigentlich normale Familie angesehen wird, gerade auch von Mitgliedern von Stief- bzw. Zweitfamilien. Die Findung einer angemessenen eigenen Identität dieser Familien wird dadurch oft erheblich erschwert.

An die Stelle der neuzeitlichen sogenannten modernen Familie ist nämlich eine große Anzahl sehr unterschiedlicher postmoderner Familienformen getreten, wobei man einer Studie der Yale-University zufolge die Familie – wiederum soziologisch betrachtet – als „eine Gruppe von Menschen, die sich lieben und füreinander sorgen"[1] bezeichnen kann. Die Stieffamilie ist nur eine der vielen postmodernen Familienformen, deren Existenz theologisch reflektiert werden soll. Schätzungsweise 10 % aller Kinder unter 15 Jahren leben gegenwärtig in Stieffamilien.[2] Die *Deutsche Arbeitsgemeinschaft für Jugend und Eheberatung* nimmt sogar an, daß von den Kindern, die gegenwärtig zur Welt kommen, 40 bis 50 % nicht in der Familie aufwachsen werden, in die sie hineingeboren wurden. Insgesamt soll etwa ein Fünftel aller Bundesbürger in Stieffamilien leben.[3]

Bei der Konzentration auf diese Familienform sollte man allerdings nicht die große Zahl der sogenannten *Alleinerziehenden* aus dem Blick verlieren. Ihr Anteil hat sich von 1971 bis 1982 auf 12,8 % erhöht und damit mehr als verdoppelt.[4] Das sind bekanntlich weit überwiegend Frauen. In der BRD kommt auf sechs alleinerziehende Frauen ein alleinerziehender Mann. Auch die Alleinerziehenden haben häufig Partner und Miterzieher mit mehr oder weniger familiärer Einbindung. Überhaupt muß man feststellen, daß das großfamiliäre Netz über den inneren Kreis der Kernfamilie hinaus für das Verständnis der Situation auch von Kernfamilien gegenwärtig oft eine viel größere Bedeutsamkeit hat, als das bei der Beschäftigung mit Familienfragen in der Regel beachtet wird. Zu diesen Großfamilien gehören in beachtlichem Umfang nicht nur Blutsverwandte und rechtlich Verschwägerte, sondern insbesondere – aber keinesfalls nur – Partner bzw. Partnerinnen von mehr oder weniger ehelichen Beziehungen und andere Freunde, die erheblich in das engere Familienleben integriert sind.

Es ist von großer Bedeutsamkeit, daß die Kirche und die Theologie, insbesondere auch die Moral und Pastoraltheologie, diese tiefgehenden Veränderungen im partnerschaftlichen, ehelichen und familiären Zusammenleben viel bewußter wahrnehmen. Sie dürfen nicht versuchen, sie bloß durch die Brille ihres herkömmlichen Verständnisses von Partnerschaft, Ehe und Familie zu sehen und – wenn auch unbeabsichtigt – versuchen, sie in ein Prokrustesbett zu zwingen, das durch ihre herkömmlichen und unzulänglichen Maßstäbe von Ehe und Familie gezimmert wird; unter diesen Umständen werden sie nämlich den neuen Formen des Zusammenlebens dann nicht gerecht, wenn diese den kirchenrechtlichen Vorstellungen von Ehe widersprechen. Vor allem versäumen sie dann, wohlwollend und kreativ Visionen zu finden, wie man diese Verhältnisse aus dem Glauben heraus möglichst positiv gestalten und in zukunftsorientierter Weise pastoral begleiten kann.

Genau darauf aber kommt es an, denn die Kirche ist ja bekanntlich nicht dazu da, an einer historisch gewachsenen Familienform festzuhalten, wenn das einseitig zu Lasten jetzt vorhandener
Formen familiären Zusammenlebens geschieht. Sie muß vielmehr in ihrer Verkündigung und in ihrer Diakonie dazu beitragen, daß die Menschen in diesen neuen Familienformen, auf die
sie nicht verzichten können oder wollen, sich möglichst gut
entfalten können. Sie muß sich dabei auch dessen bewußt sein,
daß es nicht ihre Aufgabe ist, Sünder zu bestrafen. Sie soll sie,
soweit das möglich und nötig ist, zur Buße motivieren und ihnen
den schrittweisen Weg zur Befreiung aus ihrer Sündhaftigkeit zu
ihrer Erlösung und zu ihrem Heil aufzeigen. Deshalb soll sie den
Menschen unter anderem auch dabei Hilfe leisten, daß sie ihre
konkreten Lebensverhältnisse realistischer wahrnehmen und für
sich selbst konkret heilsamer gestalten können. Sie muß dazu
deren gesellschaftlicher und kirchlicher Ausgrenzung entgegen-
wirken und deren verstärkte Integration fördern. Voraussetzung
dafür ist natürlich, daß die Kirche die wirkliche Situation der
Menschen, in unserem Fall die konkreten Familienverhältnisse,
aufmerksam und verständnisvoll zur Kenntnis nimmt.

Die Schwierigkeiten der Kirche und Theologie mit den postmodernen Familienformen sind nicht zuletzt in dem vorkonziliaren
Leitbild von Ehe und Familie begründet, demzufolge ihr Haupt-
zweck die Zeugung und Erziehung von Nachkommenschaft sowie
die Sicherung der sozialen und ökonomischen Existenz ihrer
Mitglieder und – abhängig und abgeleitet davon – die eheliche
Partnerschaft zwischen Mann und Frau ist. Von diesem Leitbild
der „Heiligen Familie" vermögen auch heutzutage viele Menschen, zumindest im Unterbewußtsein, noch nicht hinreichend
Abschied zu nehmen.

Auffällig an den postmodernen Familien, und das gilt gerade
auch für verschiedene Formen von Stieffamilien, ist unter anderem, daß die *Stellung des Vaters* als Ernährer und Haupt der
Familie, wie sie insbesondere auch Pius XII. und kirchlich inspi-
rierten Kreisen bis weit in die Nachkriegszeit vor Augen schweb-
te[5], gegenwärtig sehr stark im Rückzug begriffen ist. Selbst die
Väter und erst recht die Stiefväter verstehen sich weithin nicht

mehr so. Aber auch die Frauen verstehen sich weithin anders als es noch Pius XII. vorschwebte.

Das hat zunächst einen äußeren Grund: Die Väter, insbesondere die Stiefväter, sind in deutlich geringerem Ausmaß als früher die *Ernährer* der Familie. Hand in Hand mit diesem Vorgang hat sich im Verlauf des sich bereits seit langem vollziehenden und zunehmend beschleunigenden Prozesses der Familienerneuerung ebenso auch das Selbstverständnis vieler Frauen, insbesondere als Ehepartnerinnen, aber auch als Mütter, tiefgreifend gewandelt. Sie sind weitgehend nicht mehr bereit, die in der neuzeitlichen europäischen Familie im allgemeinen üblichen Aufgaben und die Chancenverteilung zwischen Mann und Frau hinzunehmen. Sie verlangen statt dessen eine gerechtere Ausgestaltung der Partnerschaft zwischen Mann und Frau und eine ausgewogenere Aufteilung der Pflichten, die im Interesse der Gestaltung eines gelingenden Familienlebens zu erfüllen sind. In der Folge davon hat die Erwerbstätigkeit der Frauen außerordentlich stark zugenommen. So arbeiten oder suchen im Westen der Bundesrepublik gegenwärtig 57 % der Frauen Arbeit, im Osten sogar 77 %. Viele Frauen und Mütter sind erwerbstätig, um den sozialen Abstieg der Familie zu verhindern. Andere arbeiten, um eine eigene, unabgeleitete soziale Stellung zu erreichen; sie wollen damit die innereheliche Machtstruktur zu ihren Gunsten austarieren.[6] Zahlreiche Frauen und vor allem ihre Kinder haben eigene Unterhaltsansprüche öffentlichrechtlicher und/oder privatrechtlicher Art. (Bestimmte christliche Kreise streben eine öffentlich garantierte Grundversorgung aller an, unabhängig von beruflich bezahlter Tätigkeit, was auf die familiäre Struktur über die ökonomische Dimension hinaus Auswirkungen hätte.[7])

Aber nicht nur die Situation und das Verständnis der Väter als „Ernährer" der Familie hat sich geändert; Hand in Hand damit ging ein tiefgreifender Wandel im Verständnis des Vaters als *„Haupt der Familie"*. Zunächst einmal wurde nämlich im Lauf unseres Jahrhunderts schrittweise die Rechtsstellung der Frauen gegenüber ihren Ehemännern drastisch verbessert. Das braucht jetzt nicht im einzelnen erörtert zu werden. In unserem Zusammenhang ist es vielmehr besonders wichtig, in Erinnerung zu rufen, daß sich in dieser Zeit auch das Verständnis, inwieweit Väter für die Erziehung ihrer Kinder kompetent sind, tiefgreifend geändert hat. Drei Hinweise können das beispielhaft belegen:

– Bis weit in unser Jahrhundert hinein, in der Schweiz bis nach dem Zweiten Weltkrieg, war es weithin selbstverständlich, daß bei konfessionsverschiedenen Ehen die Kinder in der Regel nach der Konfession des Vaters erzogen wurden. Gegenwärtig ist es genau umgekehrt.

– Noch Ende der 50er Jahre wurde bei uns heftig gestritten, wer bei nicht behebbaren Meinungsverschiedenheiten zwischen Ehegatten über Erziehungsfragen letztlich das Entscheidungsrecht haben soll. Von katholischer Seite wurde in diesem Zusammenhang mit großem ideologischen Aufwand vehement der Standpunkt vertreten, daß das nach dem Naturrecht unbedingt der Mann als Oberhaupt der Familie haben müsse. Auch diese Frage ist zwischenzeitlich bekanntlich anders geregelt, und man kann sicher mit gutem Recht darüber streiten, ob diese Regelung besser ist. Es ist aber bezeichnend für den Wandel des Verständnisses vom Vater als Oberhaupt der Familie.[8]

– Angesichts dieses Wandels ist es deshalb auch gar nicht überraschend, daß bei Ehescheidungen bei uns in circa 85 % der Fälle das Sorgerecht für die Kinder der Frau zugesprochen wird.

Jedenfalls haben diese und andere Entwicklungen dazu beigetragen, daß sich bei vielen Vätern ihr Selbstverständnis tiefgreifend verändert hat.[9] Aus ihnen wird die Verunsicherung vieler deutlich, welche Aufgaben sie gegenüber ihren Frauen und vor allem gegenüber ihren Kindern wahrzunehmen haben. Manche ziehen sich insbesondere aus ihrer Verantwortung für ihre Kinder aus Erstfamilien und für ihre Stiefkinder mehr oder weniger weitgehend zurück, zumal Frauen und auch Kinder ihnen oft viel selbstbewußter und gelegentlich auch selbstgerechter entgegentreten. Nicht zuletzt deswegen wurde bei uns schon vor längerer Zeit das Wort von der ‚vaterlosen Gesellschaft'[10] geprägt, und das bedeutet, wie Judith Stacey noch jüngst feststellte: „*Falls es eine Krise der Familie gibt, ist es eine männliche.* "[11]

Diese Äußerung trägt allerdings nicht dem Umstand Rechnung, daß es durchaus eine gewisse Krise der Familie gibt. Diese zeigt sich nämlich darin, daß so außerordentlich *viele Ehen/Partnerbeziehungen und infolgedessen Familien scheitern*, obwohl diejenigen, die eine Familie gründen, das mit der Absicht tun, mit ihrem Partner dauerhaft zusammenzuleben und in der aus der Partnerschaft sich entfaltenden Familie beständig füreinander einzustehen. Viele postmoderne Familienformen sind aber labil und enden nicht wie die traditionelle Kernfamilie in der Regel mit dem Tod eines der Partner beziehungsweise mit dem Auszug der erwachsenen Kinder aus dem elterlichen Haushalt. Diese Familienformen sind heute in ihrem Kern gefährdet, obgleich die Partner und Kinder in einer Familie nichts mehr als unbedingtes Angenommensein, Selbstbestätigung und zuverlässige Fürsorge suchen.

Daß die Menschen trotz des Scheiterns ihrer Partnerschaft immer wieder neue Partnerschaften suchen, beweist nur, wie wichtig für sie unbedingt zuverlässige partnerschaftliche/eheliche und familiäre Geborgenheit ist. Das Zerbrechen einer Beziehung ist aber keinesfalls ein Hinweis darauf, daß sie solche festen Bindungen weder brauchten noch wünschten. Man muß sich dessen deutlich bewußt sein, wenn man den vielen Menschen gerecht werden will, die eine eheliche Partnerschaft suchen, obwohl sie als Kind diese Erfahrung des Verlassenwerdens machten oder obwohl sie bereits in einer Partnerschaft gescheitert sind, und man muß sich das vor Augen halten, um diejenigen Kinder zu verstehen, die in eine Zweitfamilie hineinwachsen sollen. Sie haben oft eine geheime Angst, daß auch die neue Verbindung scheitert und daß sie wieder verlassen werden.

Für die Kirche und die Theologie stellt sich angesichts dieser Entwicklung *die Frage*: Wie ist sie zu beurteilen? War sie nötig? Hat unsere Tradition dazu beigetragen, daß sich reformbedürftige Vater-, Frauen- und Müttervorstellungen entwickelt haben und daß neue Partnerschaften nicht die Hilfe bekommen, derer sie zu ihrem Gelingen unbedingt bedürfen? Können wir aus unserer Tradition heraus einen Beitrag zu einem zukunftweisenden Leitbild von Väterlichkeit und Mütterlichkeit und von einem gelingenden Zusammenleben in den vielfältigen postmodernen Familien leisten? Müssen wir vielleicht sogar angesichts der postmodernen Entwicklung der Familie ganz davon Abstand nehmen, ein halbwegs einheitliches Vater-, Mutter- und Familienbild zu erarbeiten und statt dessen neue Wege suchen, wie wir verantwortlichen Umgang mit Väterlichkeit, Mütterlichkeit, Partnerschaft und Familie begleiten und fördern können? Müssen wir nicht viel aufgeschlossener werden für die spezifischen Chancen familiärer Lebenserfahrungen, die die vielfältigen neuen Familienformen für die in ihnen Lebenden eröffnen?

Man wird angesichts dieser Problematik wohl sagen können: Ein einseitig patriarchalisches Vaterverständnis und ein diesem entsprechendes Mutterverständnis wird bei uns zunehmend abgelehnt. Das braucht aber keineswegs zu einer Krise der Familie zu führen. Der Grund väterlicher und ebenso mütterlicher Autorität ist nämlich die unbedingte Zuverlässigkeit in der liebenden Fürsorge für die Kinder – gerade auch in Krisensituationen. Man will in Wirklichkeit nur mehr Luft für eine freie Entfaltung für alle in der Familie. Auch der Wille zum Eingehen formeller oder informeller ehelicher und familiärer Partnerschaft in den vielen postmodernen Familienformen ist bei uns im großen und ganzen ungebrochen. Auch insofern besteht zunächst keine wirklich bedrohliche Krise der Familie, aber der Verwirklichung dieses Wunsches nach verläßlichen dauerhaften Bindungen stehen doch manche Schwierigkeiten entgegen, gerade auch in Stieffamilien.

Im Interesse einer möglichst guten Verwirklichung der berechtigten Wünsche nach der Gleichberechtigung in der Familie und nach unbedingter Zuverlässigkeit familiärer Beziehungen sollen im folgenden zunächst die für ein gelingendes familiäres Zusammenleben maßgeblichen ethischen Prinzipien dargestellt und diese sodann in einem zweiten Schritt auf die Erfordernisse des Gelingens von Stieffamilien konkretisiert werden.

2. Für das familiäre Zusammenleben maßgebliche sittliche Prinzipien[12]

Alle Mitglieder einer Familie sollen prinzipiell gleichberechtigt sein.

- Sie sollen einerseits alle gleiche Chancen haben, sich ihrer ganz persönlichen Eigenart entsprechend möglichst selbstbestimmt und frei entfalten zu können;

- sie sollen andererseits alle ihren je eigenen Fähigkeiten und konkreten Möglichkeiten entsprechend solidarisch dazu beitragen, daß sich alle Familienmitglieder möglichst selbstbestimmt und frei entfalten können.

Zur möglichst gerechten und liebevollen Verwirklichung dieses Zieles soll nach dem Subsidiaritätsprinzip jeder das, was er ohne fremde Hilfe besser oder gleich gut tun kann wie mit fremder Hilfe, selbst tun, um so jegliche wechselseitige Ausbeutung zu vermeiden. Alle Aufgaben aber, die man zusammen besser lösen kann, soll man auch zusammen bewältigen, um so besser zu leben.

Außerdem soll man im Konfliktfall, wenn man wegen eigener oder gemeinsamer Begrenzungen nicht allen Beteiligten gleichzeitig und/oder gleichermaßen helfen kann, damit für alle die Chancengleichheit gewahrt wird, nach dem Prinzip der vordringlichen Verwirklichung der Nächstenliebe denjenigen zuerst und/oder am stärksten helfen, die am meisten auf diese Hilfe angewiesen sind.

Eltern sollen nach dem Prinzip der verantwortlichen Selbstbestimmung die Zeugung von Kindern im Rahmen des Möglichen vernünftig planen. Maßstab sollte dabei sein, daß durch die Zeugung eines Kindes alle, die davon betroffen sind, eher bessere statt schlechtere Chancen zu ihrer menschenwürdigen und bereichernden Lebensentfaltung haben.

Wenn alle gleichermaßen zu ihrem Recht kommen, ist die Rangordnung der geordneten Nächstenliebe umstritten. Wenn man die Ehe vornehmlich als eine Institution im Dienste der Aufzucht und Erziehung von Kindern sowie der Sicherung der ökonomischen und sozialen Existenz der Familienmitglieder ansieht, wird man unter gleichen Voraussetzungen der Verwirklichung des Familienwohls vor der Verwirklichung des Individualwohls der Ehepartner prinzipiell den Vorrang einräumen und dem Individualwohl der Ehegatten im konkreten Einzelfall nur so weit, wie das mit den Erfordernissen des Familienwohls vereinbar ist. Wenn man umgekehrt dem gegenwärtig vorherrschenden Eheverständnis entsprechend die Ehe primär als glücksorientierte personale (subjektive) Partnerschaft ansieht, wird man prinzipiell dem Individualwohl der Ehegatten vor den Erfordernissen des Familienwohls den Vorrang einräumen und der vorrangigen Befriedigung der Erfordernisse des Familienwohls im konkreten Einzelfall nur soweit, wie das mit den Erfordernissen des Individualwohls vereinbar ist. So wird man bei dieser Sicht eine Auflösung der ehelichen Partnerschaft im Falle ihrer Zerrüttung eher ins Auge fassen und billigen als bei der Sicht der Ehe vornehmlich als einer Institution im Dienste des Familienwohls, zumal gegenwärtig deutlicher als früher gesehen wird, daß mit dem Festhalten an einer zerrütteten Ehe dem Kindeswohl häufig mehr geschadet als gedient wird. Sieht man die Ehe primär als Institution im Dienste des Familienwohls an, wird man im Falle der Zerrüttung einer Ehe eher bereit sein, im Interesse des Schutzes der Institution der Familie auf Scheidung zu verzichten sowie im Falle der unausweichlichen Scheidung dem sogenannten schuldigen Ehepartner das Sorgerecht für seine Kinder zu entziehen und ihn dennoch zu ihrem Unterhalt zu verpflichten. Es kann gelegentlich wichtig für das Gelingen einer Familie sein, daß sich die Ehegatten und diejenigen, die eine Partnerschaft eingehen wollen, über ihr Verständnis dieser Rangordnung hinreichend klar sind und dabei auch die Bedeutsamkeit der Ich-Treue nicht vernachlässigen.[13]

Der Grund für die wechselseitigen Rechte und Pflichten der verschiedenen Familienmitglieder ist bei den verschiedenen Mitgliedern teilweise unterschiedlich.

Mann und Frau haben einerseits miteinander einen Solidarpakt geschlossen, durch den sie sich wechselseitige Rechte und Pflichten einräumen. Zusammen haben sie ein Kind oder mehrere Kinder gezeugt und dabei nicht nur sich wechselseitig zu solidarischer Hilfe bei der Aufzucht und Erziehung der Kinder verpflichtet, sondern auch gegenüber den von ihnen gezeugten Kindern die sittliche Verpflichtung übernommen, für sie so zu sorgen, daß diese sich gleichberechtigt entfalten können wie sie selbst.

Infolge des Scheiterns einer (ehelichen) Partnerschaft werden die Elternrechte und -pflichten prinzipiell nicht beeinträchtigt. Eine Einschränkung dieser Rechte und Pflichten bei einem oder bei beiden Elternteilen ist unter diesen Umständen sittlich nur soweit zu rechtfertigen, wie das im Interesse der Verwirklichung vordringlicher Erfordernisse des Kindeswohls nötig ist. Deshalb sollen auch getrennt lebende Eltern ihre elterliche Verantwortung soweit gemeinsam wahrnehmen, wie das mit dem Kindeswohl vereinbar und für die Eltern aufgrund ihrer Verletzungen möglich ist. Das positive Recht sollte folglich so weiterentwickelt werden, daß es der Verwirklichung dieser Zielsetzung möglichst weitgehend dient. [14]

Aus der Übernahme elterlicher Verantwortung entsteht für die Eltern gegenüber ihren Kindern das Recht, daß diese im Notfall – außer gegebenenfalls für ihre eigene Familie – vorrangig vor allen anderen, die sich in der gleichen Notlage befinden, für ihre Eltern sorgen. Gegenwärtig wird allerdings zunehmend darüber diskutiert, ob angesichts der Entwicklung des auf dem sogenannten Generationenvertrags beruhenden Rentensystems das Festhalten an der individuellen Unterhaltspflicht der Kinder für ihre Eltern noch zu rechtfertigen ist. [15]

Wie weit die wechselseitigen Rechte und Pflichten anderer Familienmitglieder reichen, hängt von der Art ihrer familiären Einbindung und von ihrer wechselseitigen Abhängigkeit voneinander ab.

3. Sittliche Verpflichtungen der Mitglieder von Zweitfamilien

Von diesen Pinzipien ausgehend haben wir die Möglichkeit, die sittlichen Aufgaben zu bestimmen, die sich durch das Entstehen von Zweitfamilien für die davon in dieser oder jener Weise Betroffenen ergeben. Dabei darf man nicht aus den Augen verlieren, daß die Kinder der Erst- und Zweitfamilien sich in familiären Lebensverhältnissen zurechtfinden müssen, die nicht sie, sondern ihre Eltern und deren Partner durch ihr Handeln geschaffen haben. Sie müssen auf eine Situation reagieren, die andere durch ihr Agieren herbeigeführt haben. Darum sollen im folgenden die sittlichen Verpflichtungen der Mitglieder von Zweitfamilien (vornehmlich) in der Perspektive der Partner dieser Familien behandelt werden.

3.1. Den Verpflichtungen gegenüber den Mitgliedern der Erst- und Zweitfamilien gleichermaßen Rechnung tragen

Menschen, die eine Stieffamilie gründen, müssen bedenken, daß, wenn keine Verwitwung vorliegt, wenigstens einer der beiden Partner Verpflichtungen gegenüber seiner bisherigen Familie hat, die mit der Gründung einer neuen Ehe und Familie nicht aufhört zu existieren und zudem als Teilfamilie in der neugegründeten Stieffamilie als Haus- und Tischgemeinschaft mit Dritten weiter existiert. Die neuen Partner müssen respektieren, daß zumindest einer der Partner mit seinem Expartner weiterhin als Eltern verbunden bleibt und diese mit ihren Kindern weiterhin eine Familie bilden. Die neuen Partner haben zu prüfen, wie sich dieses Weiterexistieren der vorausgehenden Familie auf ihre eigene geplante Verbindung auswirkt, die eine neue, die alten Familienkonstellationen überlappende familiäre Haus- und Lebensgemeinschaft darstellt. Das ist unbedingt wichtig, wenn die neue Partnerschaft und die neue familiäre Beziehung möglichst gut gelingen sollen.

107

Schemata einiger Konstellationen in Zweitfamilien

Erstfamilie	Zweitfamilie		
Partner$_1$	Partner$_2$ ⚭ Partner$_3$		Kinder aus der Erstfamilie kommen in die Zweitfamilie
	Kinder$_{1/2}$	Kinder$_{2/3}$	und leben mit Kindern aus dieser Zweitfamilie (Kinder der Erstfamilie haben drei Bezugspersonen).

Erstfamilie	Zweitfamilie		
Partner $_1$ Kinder$_{1/2}$	Partner$_2$ ⚭ Partner$_3$	Partner$_4$ Kinder$_{3/4}$	
			Kinder aus der Erstfamilie bleiben in der Erstfamilie und werden allein erzogen; ebenso die Kinder der Zweitfamilie (Kinder haben drei Bezugspersonen).

Zweitfam.	Erstfam.	Zweitfam.	
Partner$_3$ ⚭ Partner$_1$	Partner$_2$ ⚭ Partner$_4$		Beide Partner der Erstfamilie gründen eine Zweitfamilie:
Kinder$_3$	Kinder$_{1/2}$	Kinder$_4$	Kinder$_{1/2}$ haben vier Bezugspersonen.

Das maßgebliche sittliche Prinzip für die Gestaltung von Zweitfamilien muß selbstverständlich das *Gerechtigkeitsprinzip* sein. Das heißt, die neuen Familien müssen so gestaltet werden, daß sie den berechtigten und vordringlichen Bedürfnissen der Mitglieder der Zweitfamilien ebenso gerecht werden wie denjenigen der Mitglieder der Erstfamilien. Dieses sittliche Gerechtigkeitsprinzip, demzufolge alle Menschen die gleichen Chancen haben sollen, sich ihrer jeweiligen teils gleichen, teils ungleichen Eigenart entsprechend zu entfalten, kann von den Wiederverheirateten gegenüber den Mitgliedern ihrer Erst- und Zweitfamilien nur dann richtig angewandt werden, wenn sie hinreichend einschätzen können, wie weit ihre Familienmitglieder auf ihre Hilfe angewiesen sind, damit sie sich möglichst weitgehend gleichermaßen wie sie selbst entfalten können, und welche Bedürfnisse ihre Familienmitglieder sie angesichts ihrer eigenen begrenzten Hilfsmöglichkeiten vorrangig befriedigen müssen.

Den dazu nötigen Sachverstand und die dazu nötige sittliche Urteilskraft können die Wiederheiratenden nur dann in hinreichendem Ausmaß erreichen, wenn sie in angemessener Weise sozial eingebunden sind und wenn die Solidargemeinschaft so organisiert ist, daß sie ihren Mitgliedern die nötige Hilfe im erforderlichen Ausmaß zukommen läßt.

Tatsächlich stellt unsere Solidargemeinschaft den Wiederheiratenden durch ihre sozialen Hilfsdienste und vor allem durch ihre Rechtsordnung umfangreiche psychologische, soziologische, pädagogische, ökonomische und vor allem rechtliche Orientierungen zur Verfügung, die die Wiederheiratenden nützen müssen, um ihrer Verantwortung gegenüber allen ihren Familienmitgliedern hinreichend gerecht zu werden.

Wenn formell geschlossene Ehen geschieden werden, werden die wechselseitig bestehenden Rechte und Pflichten der geschiedenen Ehegatten gegenüber einander und gegenüber den Kindern durch das positive Recht konkret festgelegt. Diese rechtlichen Entscheidungen verpflichten, auch wenn sie als ungerecht empfunden werden, die Beteiligten zumindest bis zur Ausschöpfung des Rechtsweges sittlich (und nicht bloß rechtlich) und meist auch noch danach, weil wir im Interesse eines gerechten Zusammenlebens auf solche positive rechtliche Regelungen angewiesen sind.

Diese sittliche Bindung an das positive Recht schließt nicht aus, sondern kann unter Umständen sehr nahelegen, daß man sich aus sozialethischen Gründen unter Umständen für eine Reform dieser Rechtsbereiche einsetzen kann und muß, wenn die bestehenden rechtlichen Regelungen reformbedürftig und -fähig sind.

Tatsächlich wird in der Öffentlichkeit sehr darüber diskutiert, ob wegen der bestehenden Verpflichtungen sowohl gegenüber der Erstfamilie als auch gegenüber der Zweitfamilie unser bestehendes Recht reformbedürftig ist. Das ist eine schwierige Frage. Insbesondere für die Stieffamilien mit Stiefvätern ist die bestehende Regelung aber zweifellos sehr einengend, weil durch sie dem Sorgerecht dieser Stiefväter für ihre Stiefkinder deutliche Grenzen gesetzt und die Rechte ihrer eigenen Kinder ihnen selbst gegenüber nachdrücklich geschützt werden.[16]

Wie wichtig eine hinreichende rechtliche Absicherung von sittlichen Verpflichtungen ist, die aus der Gründung von nicht-ehelichen Partnerschaften und Familien entstehen, sieht man besonders deutlich an den äußerst unbefriedigenden Ergebnissen, die öfters dann zustande kommen, wenn solche Lebensgemeinschaften aufgelöst werden, bei denen die sittlichen Verpflichtungen der verschiedenen Mitglieder gegenüber den anderen Mitgliedern rechtlich nicht hinreichend abgesichert wurden. Das führt dann nämlich leicht zu erheblichen Benachteiligungen insbesondere der Frauen und der Kinder, die aus diesen Beziehungen unter Umständen hervorgehen.

Deshalb müssen sich Partnerschaften und Familien, die auf rechtlich nicht hinreichend abgesicherten Bindungen beruhen, an ihre sittliche Verpflichtung erinnern lassen, für eine solide rechtliche Absicherung ihrer Beziehungen Sorge zu tragen, die erforderlich ist, damit das Risiko der Ausbeutung der Partner und des unzulänglichen rechtlichen Schutzes der Kinder insbesondere für den Fall des Scheiterns dieser Lebensgemeinschaften hinreichend abgesichert wird.

Aus sozialethischer Perspektive ist dementsprechend im Interesse der sittlich richtigen Ordnung der Gesellschaft die Forderung nach institutionellen Regelungen zu stellen, die eine hinreichende rechtliche Absicherung derjenigen gewährleisten, die in informellen Ehen und Familien leben. Die Rechtsgemeinschaft muß nämlich dafür Sorge tragen, daß diejenigen, die aus diesen oder jenen Gründen ihre partnerschaftlichen und familiären Lebensgemeinschaften nicht ehelich formalisieren (können), institutionell so weit rechtlich eingebunden werden, wie das im wohlverstandenen Interesse dieser Lebensgemeinschaften und des Gemeinwohls sowohl während ihres Bestehens als auch im Falle ihres Scheiterns erforderlich ist. Es genügt nicht, sich einfach damit abzufinden, daß die Partner einer informellen Lebensgemeinschaft sich eigenverantwortlich zu dieser Form von Partnerschaft und Familie entschlossen haben. Man muß diese vielmehr zur Wahrnehmung ihrer unbedingt erforderlichen sittlichen Rechte und Pflichten positiv rechtlich befähigen und verpflichten.

Bezüglich der Verpflichtungen von wiederverheirateten Geschiedenen ist besonders umstritten, ob der Vorrang der Verpflichtungen aus der ersten Ehe vor denjenigen gegenüber der Zweitehe berechtigt ist, wenn dadurch die angemessene Entfaltung der Zweitehe Schaden leidet. Auf diese Problematik soll jetzt nicht weiter eingegangen werden. Sie ist jedoch ein deutlicher Hinweis darauf, daß es für das Gelingen der Zweitehen von großer Bedeutung ist, für die richtige Gestaltung der Beziehungen zu den verschiedenen Mitgliedern der Erstfamilie angemessen Sorge zu tragen. Die Eheleute der ersten Ehe, die weiterhin in der Elternbeziehung verbunden bleiben, müssen ihre Elternschaft neu organisieren, ihre Vater- bzw. Mutterrolle neu gestalten. Die neue Beziehung muß so aufgebaut werden, daß bei der Entfaltung des Familienlebens die Verpflichtungen, die man gegenüber dem Expartner und den Kindern aus der ersten Ehe hat, nicht vernachlässigt werden, weder materiell noch immateriell.

Dabei können für die Zweitfamilien aufgrund von Elternpflichten, die einer oder beide Partner gegenüber ihren Kindern aus der ersten Ehe haben, ernsthafte psychologische und soziologische Probleme entstehen. Bei ihnen geht es vor allem um die Frage, wieweit sich die Eltern um ihre außer Haus lebenden Kinder angesichts der Tatsache persönlich kümmern sollen, daß dadurch auch das Familienleben sowohl der Familien, in denen die außer Haus lebenden Kinder aufwachsen, als auch vor allem das Familienleben der Zweitfamilien unter Umständen nachdrücklich beeinflußt wird. Wird durch diese Erweiterung der familiären Beziehungen das Leben der davon Betroffenen beeinträchtigt oder verbessert?

Man muß bei der Integration der Mitglieder von Erstfamilien in Zweitfamilien nämlich einerseits den Verletzungen der Mitglieder der Erstfamilien und andererseits der Belastbarkeit der Mitglieder der Zweitfamilien durch die Mitglieder der Erstfamilien hinreichend Rechnung tragen. Man wird deshalb von Fall zu Fall zu sehr differenzierten und unterschiedlichen Problemlösungen kommen müssen, die die Wahrnehmung der elterlichen Verantwortung beider Eltern möglichst weitgehend ermöglichen. Diese Problemlösungen werden zusätzlich dadurch erschwert, daß für Zweitfamilien die Erstfamilien zu häufig und zu sehr als Leitbild dienen, und dadurch, daß Leitbilder von Zweitfamilien, die sich ihrer Eigenart entsprechend gut entfalten, in der gesellschaftlichen Öffentlichkeit zu wenig bekannt sind.

Die sachgerechte Lösung der Gestaltung des erweiterten Familienlebens nach dem Prinzip der Gerechtigkeit stellt deshalb außer an den Sachverstand eine beachtliche Herausforderung an die sittliche Urteilskraft für die mit der Problemlösung Befaßten dar. Aus diesem Grunde haben alle gesellschaftlichen Kräfte, die für die sittliche Unterstützung und Förderung derjenigen Verantwortung haben, deren sittliche Existenz durch das Entstehen von Zweitfamilien beansprucht wird, eine wichtige moralpädagogische Aufgabe. Das bedeutet: Die Kirche, die Schule, die Beratungsdienste, die Medien usw. müssen all denjenigen, die durch das Entstehen von Zweitfamilien in dieser oder jener Weise sich in ihren eigenen Rechten bedroht oder verletzt empfinden, helfen zu lernen, ihre schwierige Lage möglichst gerecht zu beurteilen. Sie haben den von der Entstehung von Zweitfamilien betroffenen Mitmenschen verständnisvolle Hilfe zu leisten, daß sie die Fähigkeit einer differenzierten Sensibilität für ihre Pflichten sich selbst und den Angehörigen der betroffenen Familien gegenüber möglichst gut entfalten. Gleichzeitig sind alle Betroffenen aus Erst- und Zweitfamilien möglichst wirksam zu motivieren, ihre Verpflichtungen sich selbst, den Angehörigen der jetzigen Lebensgemeinschaft und der anderen beteiligten Familien gegenüber liebevoll nachzukommen. Das ist eine Aufgabe, der die Kirche, die Schule, die Medien und alle anderen erziehungsrelevanten Instanzen offensichtlich weit mehr Aufmerksamkeit widmen müssen, als es bislang in der Regel üblich ist.

Das berechtigte Interesse an der angemessenen Förderung der Erhaltung und Entfaltung der Erstfamilien darf dabei nicht dazu verleiten, die Bedürfnisse der möglichst guten Entfaltung der Zweitfamilien zu vernachlässigen. Die Auseinandersetzung mit ihnen darf nicht unter den Tisch gewischt und verdrängt werden. Ihre Befriedigung muß vielmehr tatkräftig ermöglicht werden. Der Verzicht darauf wäre nämlich ein Anzeichen von Nichtsensibilität für eine wichtige Aufgabe, er wäre ungerecht und folglich unchristlich.

3.2 Den Bedürfnissen und Rechten der Stiefkinder Rechnung tragen

Wenn zwei Leute eine neue Partnerschaft eingehen, ist das zunächst einmal eine Angelegenheit zwischen diesen beiden Partnern. Sie beide schließen einen Bund. Sie wollen ihre Partnerschaft nach ihren eigenen Bedürfnissen gestalten und zusammen alt werden, wenn die Kinder schon längst aus dem Haus gegangen sind und ihre eigenen Familien gegründet haben.

Dennoch müssen bei ihrer Eheschließung beide – wenn auch in unterschiedlicher Weise – auf die Kinder Rücksicht nehmen, die in die Ehe mit hineingebracht werden; das gilt natürlich auch hinsichtlich der außerhäuslich lebenden Kinder eines der Partner. Die neue Partnerschaft darf nicht einseitig zu Lasten dieser Kinder gehen. Ebenso wenig brauchen die Partner einseitig zugunsten bereits vorhandener Kinder auf das Eingehen einer neuen Partnerschaft zu verzichten. Insbesondere Mütter müssen deshalb das auch gesellschaftlich bedingte Vorurteil überwinden, daß ihr eigenes Glück hinter dem ihrer Kinder zurückstehen müsse.[17]

Bedingung dafür, daß die Bedürfnisse der Stiefkinder hinreichend berücksichtigt werden, ist, daß ihre Entwicklungschancen nicht beeinträchtigt werden. Ihnen müssen vielmehr die gleichen Chancen erschlossen werden, sich genauso gut wie ihr sorgeberechtigter Elternteil und ihr Stiefelternteil sowie gegebenenfalls auch wie ihre Stiefgeschwister entfalten zu können. So gesehen heiraten diejenigen, die in eine Teilfamilie hineinheiraten, durchaus eine Familie. Das ergibt sich

– einerseits daraus, daß Eltern aufgrund der Tatsache ihrer Elternschaft bei allen ihren Entscheidungen prüfen müssen, ob sie mit ihrer Verantwortung für ihre Kinder vereinbar sind, deshalb natürlich erst recht beim Eingehen einer neuen Partnerschaft, von der für die Kinder so viel abhängt, vor allen Dingen, wenn sie noch klein sind, und

– andererseits daraus, daß die neuen Partner ihre Partner bei der Wahrnehmung ihrer elterlichen Verantwortung angemessen unterstützen müssen. Sonst kann aus einer Wohngruppe keine Familie werden, in der die Mitglieder gegenseitig respektieren und so weit wie möglich aufrichtig lieben und füreinander sorgen.

Damit die Kinder in der Stieffamilie gleichberechtigte Chancen zu einer ihrer Eigenart entsprechenden Entfaltung haben wie die anderen Familienmitglieder, ist es vor allem nötig, daß ihnen die familiäre Geborgenheit und die zuverlässige Zuwendung und Fürsorge geschenkt werden, die sie im Zusammenhang mit dem Scheitern der ersten Familie zeitweilig entbehren mußten.

In diesem Zusammenhang ist insbesondere auf die richtige Gestaltung der Beziehungen zu dem außerhäuslich lebenden nicht sorgeberechtigten bzw. dem außerhäuslich sorgeberechtigten Elternteil zu achten, weil die Kinder diesem Elternteil häufig stark verbunden bleiben und ihn sehr persönlich und auch anders als der andere Elternteil einschätzen. Es wird unter diesen Umständen in der Regel der Fall sein, daß die Kinder und der außerhäusliche Elternteil mehr oder weniger häufige Kontakte suchen und zur angemessenen Bewahrung und Entfaltung ihrer Identität auch brauchen. Für den mit den Kindern lebenden Elternteil und seinen Partner ergibt sich daraus die ernsthafte Verpflichtung, förderliche Kontakte seiner Kinder mit dem getrennt lebenden Elternteil zu ermöglichen und zu ihnen anzuhalten.

Die Notwendigkeit solcher Kontakte wird von den allein sorgeberechtigten Elternteilen und ihren Partnern gelegentlich unterschätzt, zumal wenn sie das Scheitern der ersten Ehe noch nicht richtig verarbeitet haben und/oder den nicht sorgeberechtigten Elternteil geringschätzen und ein angespanntes Verhältnis zu ihm haben. Tatsächlich aber ist – wie auch die vorhandenen empirischen Untersuchungen belegen[18] – die Aufrechterhaltung und Entfaltung einer entspannten, beständigen Beziehung zum außer Haus lebenden Elternteil in der Regel von großer Bedeutung für die positive Verarbeitung der Scheidungsfolgen und die Entwicklung der in Stieffamilien lebenden Kinder und auch deren Eltern. U.-J. Jopt betont zu Recht: „Aus Kindersicht kommt es allein darauf an, bei Auflösung der häuslichen Lebensgemeinschaft soviel an personaler, an sozioökologischer Lebensqualität aufrecht zu erhalten, wie nur irgend möglich. Denn sofern sein elterlichfamilialer Kosmos mit der Scheidung in isolierte, sich feindselig gegenüberstehende Einzelelemente von Mutter, Vater, Geschwistern, mütterlichen Großeltern, väterlichen Großeltern, u.ä.m. zerfällt, gerät es umgehend in einen Zustand höchster seelischer Belastung und psychischer Bedrohung. Die damit einhergehende Angst, Irritation und Hilflosigkeit, das ist die eigentliche scheidungsspezifische Kindeswohlgefährdung."[19]

Die Kinder haben deshalb jedenfalls soweit einen sittlichen Rechtsanspruch auf Zuwendung ihres außer Haus lebenden Elternteils, wie dieser Kontakt nicht einseitig zu Lasten des zusammenlebenden Elternteils und der Zweitfamilie geht. Dieses Recht der von einem Elternteil getrennt lebenden Kinder ist begründet in ihrer Angewiesenheit auf den Kontakt mit dem getrennt lebenden Elternteil. Diesem seinerseits obliegt nämlich aufgrund der Wahrnehmung seines Rechts auf Fortpflanzung die Pflicht, für seine Kinder Sorge zu tragen, soweit sie darauf angewiesen sind. Abhängig davon hat er wegen seiner Ursprungsautorität gegenüber den Kindern auch das Menschenrecht für sie zu sorgen. An der Ausübung dieses unveräußerlichen Elternrechts darf er nur soweit gehindert werden, wie er dadurch die Rechte anderer verletzt.

Für die Stieffamilien ergibt sich jedenfalls aus der Tatsache, daß die außerhäuslichen Elternteile auch nach dem Eingehen einer neuen Partnerschaft ihres Expartners Eltern ihrer Kinder bleiben und aufgrund dessen ihren Kindern gegenüber bleibende Pflichten und Rechte haben: Die neuen Paare müssen die Rechte ihrer Kinder und Stiefkinder aufrichtig und unbefangen respektieren und sie unter Umständen sogar zur Wahrnehmung von Verpflichtungen gegenüber ihrem getrennt lebenden Elternteil anhalten. Die angemessene Wahrnehmung dieser Aufgaben bereitet in den Stieffamilien allem Anschein nach öfters beachtliche Schwierigkeiten, obwohl sie für das gelingende Zusammenleben dieser Familien große Bedeutung hat.

Wegen der Notwendigkeit, auf die in eine Zweitfamilie mit hineingebrachten Kinder hinreichend Rücksicht zu nehmen, müssen die Partner einer solchen Ehe auch besonders sorgfältig prüfen, ob ihre Familie durch die Zeugung gemeinsamer Kinder bereichert oder in eine nicht zu verantwortende Krise gestürzt wird. Jedenfalls dürfen sie die gemeinsamen Kinder gegenüber den in die Familie mitgebrachten Kindern nicht bevorzugen. Jeglicher Anlaß zu insgeheim leicht vorhandener Eifersucht und zu Neid muß tunlichst vermieden werden.

Tatsächlich werden Zweitfamilien den Verpflichtungen gegenüber ihren Kindern weitgehend gerecht, denn Untersuchungen zufolge entwickeln sich Kinder in Stieffamilien trotz der Probleme, die sie wegen der Scheidung ihrer Eltern zu lösen haben, in der Regel zwar nicht ganz so gut wie Kinder in Erstfamilien, aber besser als in Familien von Alleinerziehenden.[21]

3.3. Die unterschiedlichen Rechte und Pflichten der Eltern und Stiefeltern berücksichtigen

Bei der Umsetzung der elterlichen Verpflichtungen von Stiefeltern ist zu bedenken, daß in den Stieffamilien der sorgeberechtigte Elternteil und der Stiefelternteil sehr unterschiedliche Rechte und Pflichten haben. Während der sorgeberechtigte Elternteil in seiner zweiten Ehe gegenüber seinen Kindern die gleichen Rechte und Pflichten hat wie in der ersten Ehe, hat nämlich der Stiefelternteil gegenüber seinen Stiefkindern prinzipiell kein positivrechtliches Sorgerecht; das bekommt er nur im Falle einer Adoption. Das unmittelbare Sorgerecht behält vielmehr zunächst einmal der neue Lebenspartner. Der Stiefelternteil aber nimmt gar keine wirklichen elterlichen Aufgaben wahr, es sei denn, daß der neue Partner ihm solche Aufgaben überträgt und daß das Kind selbst die Übernahme solcher elterlicher Funktionen zu Recht erwarten kann. Es kann aber für Stiefkinder auch durchaus berechtigte Gründe geben, den neuen Partner ihres sorgeberechtigten Elternteils nicht ohne weiteres oder nur in sehr begrenztem Umfang als Ersatzelternteil zu akzeptieren.

Der außer Haus lebende Elternteil der Erstfamilie – d. h. meist der Vater – hat in der Regel ein mehr oder weniger eng umschriebenes Recht auf Umgang mit seinen in Zweitfamilien lebenden Kindern und häufig ihnen gegenüber auch Unterhaltsverpflichtungen. Ein unmittelbares Sorgerecht für sie hat er bislang fast nie; aber es entwickelt sich eine gewisse Tendenz, dieses Sorgerecht öfter anzuerkennen. Das ist im Interesse der davon betroffenen Kinder und auch im Interesse des bislang nicht sorgeberechtigten Elternteils begrüßenswert, weil und soweit es zunehmend geschieht, daß Geschiedene bereit und in der Lage sind, das Sorgerecht für ihre gemeinsamen Kinder weiterhin gemeinsam wahrzunehmen. Das Erreichen der Befähigung dazu setzt erfolgreiche Bemühungen um eine hinreichende Verarbeitung der Scheidung voraus. Es stellt deshalb eine große Herausforderung nicht nur an die Geschiedenen, sondern vor allem auch an ihr verwandtschaftliches und gesellschaftliches Umfeld dar. Auf dessen konstruktive Unterstützung sind die Geschiedenen nämlich bei der richtigen Einschätzung ihrer Scheidung und bei der Lösung ihrer aus der Scheidung entstehenden Probleme dringend angewiesen.

Je älter Kinder in eine Stieffamilie hineinkommen, desto weniger wollen sie oft, daß ihr Stiefvater oder ihre Stiefmutter die Stelle ihres abwesenden Elternteils übernehmen, sei dieser sorgeberechtigt oder nicht. Das ist in dem Maß zu respektieren, wie es den wohlverstandenen Interessen der Kinder dient und wie es mit den Rechten der Stiefeltern vereinbar ist, die auf der ihnen anvertrauten Verantwortung für die Stiefkinder beruhen.

Dabei ist zu beachten, daß die elterlichen Sorgerechte schrittweise um so stärker abnehmen, je selbständiger ihre Kinder werden. Das hat zur Folge, daß an die Stelle elterlicher Verantwortung zunehmend eine Art freundschaftliches Verhältnis treten muß. Diese Regel gilt erst recht für Stiefeltern, zumal wenn die Kinder noch einen nicht sorgeberechtigten Elternteil im Hintergrund haben.

Gegenwärtig wird zunehmend darüber diskutiert, ob auch in der BRD – wie das teilweise im Ausland bereits unter bestimmten Voraussetzungen geschieht – Stiefeltern im Interesse des Kindesrechts eine rechtliche Beteiligung an der elterlichen Sorge und im Falle der Auflösung der Familie die elterliche Sorge ermöglicht werden soll. Dabei geht es um die Frage, ob den Stiefeltern in subsidiärer Weise neben den Eltern oder an ihrer Stelle Elternrechte und -pflichten übertragen werden sollen, oder ob die Solidargemeinschaft durch ihre Instanzen Elternrechte und -pflichten wahrnehmen soll, wenn eine Ausübung des elterlichen Sorgerechts neben den Eltern oder an ihrer Stelle im Interesse des Kindeswohls erforderlich ist. Anscheinend spricht vieles dafür, daß dem Kindeswohl besser gedient wird, wenn die Möglichkeiten zur Wahrnehmung elterlicher Sorge durch Stiefeltern erweitert werden.[22]

3.4. Für die Stieffamilien eigene Formen des Zusammenlebens anstreben

Gerade der Umstand, daß die abwesenden Elternteile Eltern ihrer Kinder bleiben und das Leben der Zweitfamilie in verschiedener Weise oft nachdrücklich beeinflussen, und die Tatsache, daß die Stiefeltern den abwesenden Elternteil nicht ersetzen können, sondern als „ergänzende" Sorgepersonen, die ihre eigene Rolle erst finden müssen, anzusehen sind, machen es nötig, daß die

Zweitfamilien sich nicht von dem Wunsch verleiten lassen, eine Familie wie die Erstfamilie sein zu wollen. Die Versuchung dazu ist oft groß, weil die Vorstellung, daß die neuzeitliche moderne Familie als eigentlich normale Familie anzusehen ist, noch viel zu weit verbreitet ist. Deshalb bestimmt sie viel zu oft – zumindest unbewußt – auch die Vorstellungen von Stieffamilien, wie ihr Familienleben eigentlich aussehen müßte. Das gilt um so mehr, weil auch von ihrer Mitwelt sehr häufig und nachdrücklich erwartet wird, daß sie eigentlich wie eine sogenannte ganz normale Familie ihr Zusammenleben gestalten müßten.

Die bisherige soziologische und psychologische Forschung geht aber davon aus, daß sich Zweitfamilien deutlich von Erstfamilien unterscheiden. Sie zieht daraus die pädagogische und therapeutische Folgerung, daß die Zweitfamilien sich von den Vorstellungen absetzen müssen, die mit dem Zusammenleben in Erstfamilien verbunden werden, wenn ihr eigenes Zusammenleben gelingen soll. Sie müssen sich vielmehr ihrer jeweiligen Eigenart entsprechend entfalten. Sie müssen ihre eigene Identität als Haus- und Lebensgemeinschaft (und Familie) entwickeln und dabei ihre spezifischen Chancen nutzen. Diese ergeben sich daraus, daß die Angehörigen von Zweitfamilien die Partnerbeziehungen bewußter „pflegen" dürften und mit mehr Personen in einem familiären Verhältnis leben als die Angehörigen von Erstfamilien. Das verlangt ein großes Maß an Offenheit, ermöglicht aber eine flexiblere Gestaltung der familiären Rollen, und das kann den individuellen Bedürfnissen der verschiedenen Familienmitglieder verstärkt entgegenkommen. Außerdem können so die Kinder, wenn alles gut geht, vertrauensvolle Beziehungen zu mehreren Elternfiguren haben, und alle sind unter der Bedingung in ein erweitertes familiäres soziales Netz eingebunden. Nur so eröffnen die Zweitfamilien allen Familienmitgliedern möglichst weitgehend die gleichen Chancen, sich ihrer jeweiligen Eigenart entsprechend in harmonischer Gemeinschaft entwickeln zu können. Sie müssen dann allerdings darauf verzichten, eine sogenannte normale Familie sein zu wollen, wie die Gesellschaft es von ihnen erwartet.

4. Die sozialethische Verantwortung der Kirche für eine den neuen Familienformen gerecht werdende Sozialordnung

Daß von vielen Menschen die moderne neuzeitliche Familie immer noch als die eigentlich normale Familie angesehen wird und deshalb auch viele Stieffamilien den geheimen Wunsch haben, eine ganz normale Familie in diesem Sinne zu sein, ist unter anderem darin begründet, daß kirchlicherseits diese Familienform vielfach als die eigentlich natürliche und darum von Gott gewollte angesehen wird. Da diese Vorstellung aber viele postmoderne Familien und speziell die Stieffamilien daran hindert, selbstbewußt herauszufinden und zu bestimmen, welche Form des familiären Zusammenlebens die für sie richtige und darum gottgewollte ist, ist es für die Kirche und die Moraltheologie eine vordringliche Aufgabe, folgendes der Öffentlichkeit zu vermitteln:

– Es ist zwar richtig, daß die Menschen, die eine auch sexuell gestaltete Lebensgemeinschaft eingehen und eine Familie gründen wollen, im Rahmen des ihnen Möglichen eine monogame Dauerbindung eingehen sollen. Man muß darüber hinaus sogar sagen, daß die Kirche und die verschiedenen dafür verantwortlichen staatlichen und gesellschaftlichen Kräfte die Verwirklichung des monogamen Ehe- und Familienlebens nachdrücklich soweit fördern müssen, wie das nicht einseitig zu Lasten aller derjenigen geht, die in einer solchen Lebensform nicht leben können oder aus berechtigten Gründen nicht leben wollen. Art. 6 GG soll diesem Zweck dienen. Leitbild der Familienpolitik sollte dementsprechend nach wie vor nicht die nichteheliche, sondern die ehebezogene Familie sein.

– Aber angesichts der Tatsache, daß diese Lebensform vielen verschlossen ist, weil sie an ihrer Verwirklichung gescheitert sind oder weil ihre Verwirklichung sie konkret überfordern würde, ist es dringend nötig, daß die Kirche und die verschiedenen dafür verantwortlichen staatlichen und gesellschaftlichen Kräfte sich entschieden dafür einsetzen, daß auch alle diese Menschen möglichst weitgehend gleiche Chancen wie

die in monogamen Dauerbindungen lebenden Menschen erhalten, um sich ihren konkreten Fähigkeiten und Möglichkeiten entsprechend möglichst gut familiär entfalten zu können.

Dementsprechend sollte die generelle Familienpolitik, die die
bedingenden Voraussetzungen für die möglichst gute Aufga-
benerfüllung aller Familien im Blick hat, durch „Spezielle
Familienpolitiken" angereichert und ergänzt werden, die diese
bedingenden Voraussetzungen für die möglichst gute Aufga-
benerfüllung von Familien mit besonderen Problemlagen im
Blick hat, auch wenn diese dem Leitbild der Familienpolitik
nicht voll entsprechen.[24]

Das heißt, der besondere Schutz von Ehe und Familie darf nicht
so gestaltet werden, daß diejenigen, die aufgrund ihrer konkreten
Lebensumstände nicht in die privilegierte Situation einer monogamen Dauerbindung gelangen können, durch den besonderen
Schutz dieser Ehen an ihrer gleichberechtigten optimalen familiären Entfaltung gehindert werden, die ihrer Eigenart entspricht;
sonst würden ja diese Lebensformen im Interesse der besonders
förderungswürdigen Lebensform unberechtigterweise instru-
mentalisiert. Das Glück der schicksalhaft oder durch eigene
Schuld Benachteiligten würde zugunsten des Glücks der ohnehin Privilegierten beeinträchtigt.

Das heißt unter anderem konkret, nichteheliche Kinder dürfen
nicht zugunsten ehelicher Kinder, Kinder aus Zweit- und Stieffamilien dürfen nicht zugunsten von Kindern aus Erstfamilien
benachteiligt werden, ebensowenig deren Eltern.

Weil die Kirche zu einer vordringlichen Option für die Armen und
Benachteiligten verpflichtet und entschlossen ist, müßte sie in
der Hinsicht eigentlich besonders sensibel sein. Aber tatsächlich
hat ihr verständliches und berechtigtes Interesse am besonderen
Schutz von Erstfamilien sie immer wieder dazu verleitet, der
unberechtigten Ausgrenzung anderer Familienformen nicht nur
nicht hinreichend entgegenzuwirken, sondern sogar an ihr mit-
zuwirken. Es soll darüber jetzt nicht gerichtet werden.

Aber das muß dringend geändert werden, auch angesichts des immer größeren Ausmaßes der vielen postmodernen Familien, die zwar nicht das abstrakte Ideal einer christlichen Ehe und Familie verwirklichen, die aber ihren Mitgliedern konkret doch ein christliches Zusammenleben in „einer Gruppe von Menschen, die sich lieben und füreinander sorgen" ermöglichen können. Es muß klar erkannt werden: Im Interesse der optimalen Entfaltung der zahlreichen postmodernen Familienformen, insbesondere auch im Interesse der Stieffamilien, ist es nötig, verschiedene Benachteiligungen dieser Familien abzubauen, die entweder auf unsoziale oder unrealistische rechtliche Regelungen zurückzuführen sind.

Der Grund für diese unzulänglichen Regelungen ist häufig der Versuch, eine zu starke Angleichung des Rechtsschutzes für die neuen Familienformen an diejenigen der herkömmlichen Familien zu verhindern. Das ist zweifellos immer dann richtig, wenn eine Angleichung des Rechts der neuen Familienformen an das Recht der herkömmlichen Familie zu einer Überprivilegisierung der neuen Familien gegenüber den herkömmlichen Familien und somit zu einer Benachteiligung der herkömmlichen Familien gegenüber den neuen Familien führt. Aber diese Zielsetzung darf eben nicht dazu führen, daß die neuen Familienformen nicht den Schutz bekommen, den sie brauchen, damit sie sich möglichst weitgehend ebenso gut entfalten können wie die herkömmlichen Erstfamilien. Wenn die Sozialordnung so gestaltet würde, könnten diese neuen Familienformen auch besser der Versuchung widerstehen, eine ganz normale Familie nach der Art der modernen neuzeitlichen Familie sein zu wollen.

Deshalb ist es nötig, daß die Kirche sich deutlich von der in kirchlichen Kreisen noch vertretenen Vorstellung distanziert, die herkömmliche Erstfamilie müsse notfalls auch zu Lasten der neuen Familienformen geschützt werden, weil nur so das gottgewollte Ehe- und Familienleben vor dem Verfall geschützt werden könne. Eine solche Sozialordnung ist nämlich nicht nur ungerecht; sie muß angesichts der Entwicklung der postmodernen Gesellschaft mit ihren vielfältigen Familienformen, die man mit repressiver Gewalt nicht mehr zum Verschwinden bringen kann, im Desaster enden. Es kommt vielmehr darauf an, auch den neuen Familienformen möglichst gute Chancen zu eröffnen in der Hoffnung, dadurch den Weg zu einem möglichst guten Familienleben in der Zukunft zu erschließen.

Dementsprechend fordert der Familienbund der Deutschen Katholiken – Landesverband Nordrhein-Westfalen: „Das Festhalten an der Ehe und ihrer Unauflöslichkeit darf katholische Christen nicht davon abhalten, auch solchen Kindern alle Chancen für eine bestmögliche Entwicklung zu verschaffen, deren Eltern sich getrennt haben, die geschieden sind oder überhaupt nicht durch das Eheband verbunden waren. Sowohl die Familie ohne Ehe wie die Ehe ohne Familie bedürfen des besonderen verfassungsrechtlichen Schutzes."[25]

5.   Förderung eines christlichen Familienlebens

Außer dem sozialethischen Einsatz für eine angemessene gesellschaftliche Förderung der berechtigten sozialen Belange der verschiedenen postmodernen Lebensformen kommt es darauf an, diesen Familien möglichst weitgehend den Zugang zu einer christlichen Gestaltung ihres Familienlebens zu erschließen. Das ist besonders wichtig und schwierig, weil die verschiedenen neuen Familienformen institutionell teilweise schlechter abgesichert sind als die herkömmlichen, weil sie spezifische innere Probleme haben und weil sie recht häufig in der Gefahr kirchlicher Isolation und Ausgrenzung stehen. Letzteres gilt auch für die Stieffamilien.

Vordringlichste pastorale Aufgabe bei der Förderung eines christlichen Familienlebens der Stieffamilien ist deshalb das unbefangene Bemühen um eine volle kirchliche Integration dieser Familien. Sie müssen sich in der Kirche heimisch und frei fühlen können und zur aktiven Mitgestaltung des Gemeindelebens ermuntert werden. Dann können sie nämlich in dem für die Gestaltung des Glaubenslebens gerade auch emotional so wichtigen Bereich die für sie so nötige Erfahrung machen, daß sie zwar nicht eine gleiche, aber doch eine gleichberechtigte und gleichwertige Familie wie alle anderen auch sind.

Unter dieser Voraussetzung ihrer völligen kirchlichen Integration werden bei ihnen kaum wesentlich andere Probleme auftreten als bei anderen Familien auch. Das gilt vor allem, wenn bei den Mitchristen und speziell den Seelsorgern eine sensible Bereitschaft vorhanden ist, die besonderen Probleme wahrzunehmen, die für die Mitglieder von Stieffamilien vor allem wegen der Erfahrung des Scheiterns der Erstfamilie eines oder beider Elternteile auftreten können.

Hoffnungen und Sehnsüchte wurden enttäuscht, Wunden wurden geschlagen und Kränkungen müssen verarbeitet werden. Ängste, daß auch die neue Ehe und Familie scheitern könnte, müssen überwunden bzw. gemeistert werden. Die Gläubigen erwarten deshalb gerade nach der Scheidung und beim Eingehen einer neuen Partnerschaft eine verständnisvolle Hilfe seitens der Kirche. Deshalb fordert der Papst im Apostolischen Schreiben *Familiaris Consortio (22. November 1981)* für diese Familien eine besonders intensive Zuwendung und macht dabei darauf aufmerksam, daß man um der Liebe und der Wahrheit willen die verschiedenen Situationen gut unterscheiden muß (Nr. 84).

Der Diözesanrat der Katholiken im Erzbistum Köln gibt dafür folgende Impulse für die Pfarrgemeinde:
„Wenn von Familie die Rede ist, auch die besonderen Bedingungen von Zweitfamilien benennen, um diesen Familien zu helfen, ihre eigene Form der Familie realistisch zu sehen.
Allen Mitgliedern einer Zweitfamilie Zeit lassen, ihre Rolle in der neuen Familie zu finden.
Die eigenen Vorstellungen davon, wie Familienleben auszusehen hat, nicht einfach auf andere Familien übertragen, sondern mit einer Vielfalt von Formen familiären Zusammenlebens rechnen.
Neu zusammengesetzten Familien eine gute familiäre Zukunft zutrauen.
Sich bewußt machen, daß Zweitfamilien eine besondere Chance haben, Tugenden wie Toleranz und Achtung vor der jeweiligen Lebensgeschichte des anderen zu vermitteln.
Verständnis zeigen, wenn in der Sicht der Kinder in einer Zweitfamilie auch der abwesende Elternteil und dessen Verwandte zu ihrer eigenen Familie gehören.

Wohlwollend und kreativ damit umgehen, wenn ein Kind sich plötzlich für drei oder vier Großelternpaare interessiert."[26]

Besondere Probleme entstehen in diesem Zusammenhang für Katholiken, wenn deren Ehe kirchlich ungültig ist und sie diesen Mangel nicht beseitigen können, entweder weil sie geschieden sind oder weil der Ehepartner mit der kirchlichen Trauung nicht einverstanden ist.

Der Diözesanrat der Katholiken im Erzbistum Köln gibt dafür der Pfarrgemeinde folgende Impulse:
„Die Entscheidung geschiedener Menschen, eine zweite Ehe einzugehen, als ihre Gewissensentscheidung respektieren.
Wiederverheiratete Geschiedene ausdrücklich zu Zusammenkünften innerhalb der Gemeinde einladen.
Auf die Möglichkeit von Familienberatung und von Selbsthilfegruppen hinweisen."[27]

Die Motivation der wiederverheirateten Geschiedenen, die Gemeinde in ihren Werken der Nächstenliebe und bei Initiativen zur Förderung der Gerechtigkeit zu unterstützen, wie es der Papst fordert, wird kirchlicherseits verschiedentlich erschwert. Die wichtigsten kirchenrechtlichen Einschränkungen für wiederverheiratete Geschiedene, von denen es keine systematische Auflistung gibt, sind nach einer Angabe von J. Listl: Keine neue kirchliche Eheschließung, keine Zulassung zu den Sakramenten der Buße, der Eucharistie und der Krankensalbung; keine Übernahme von Ehrenämtern (Tauf- und Firmpatenschaft, Eherichter/in); keine Übertragung kirchlicher Dienste (Leitung priesterloser Gottesdienste, Lektor/in oder Kommunionhelfer/in, Mitgliedschaft in der Kirchenverwaltung, Diözesanpastoral oder Pfarrgemeinderat); keine Mitgliedschaft in öffentlich-kirchlichen Vereinen.

Nach der Auffassung der Bischöfe O. Saier, K. Lehmann, W. Kasper kommt es bei der Beurteilung dieser Verbote allerdings auf die Unterscheidung der einzelnen Situation an: „Von kirchlichen Diensten und von der Mitgliedschaft in Beratungsgremien sind wiederverheiratete Geschiedene nicht einfachhin ausgeschlossen. Einzelheiten für die verschiedenen Räte im Bistum sind in den jeweiligen diözesanen Statuten geklärt. Es kommt eher eine Mitarbeit in solchen ehrenamtlichen Diensten in Frage, die keinen repräsentativen Charakter haben, nicht jedoch in öffentlichen Leitungsaufgaben. Aus ähnlichen Gründen legt sich keine Mitwirkung in der Hinführung von Kindern und Jugendlichen zu den Sakramenten nahe."[29]

Dazu kommt, daß wiederverheiratete Geschiedene aus dem kirchlichen Dienst ausscheiden müssen beziehungsweise in ihm nicht tätig werden dürfen. Es gibt allerdings Hinweise darauf, daß die diesbezüglichen kirchlichen Vorschriften in Zukunft gelockert werden sollen.

Die folgenschwerste ist die Nichtzulassung zur Eucharistie. Der Papst sagt dazu in dem erwähnten Rundschreiben:

„Die Kirche bekräftigt (jedoch) ihre auf die heilige Schrift gestützte Praxis, wiederverheiratete Geschiedene nicht zum eucharistischen Mahl zuzulassen. Sie können nicht zugelassen werden; denn ihr Lebensstand und ihre Lebensverhältnisse stehen im objektiven Widerspruch zu jenem Bund der Liebe zwischen Christus und der Kirche, den die Eucharistie sichtbar und gegenwärtig macht. Darüber hinaus gibt es noch einen besonderen Grund pastoraler Natur: Ließe man solche Menschen zur Eucharistie zu, bewirkte dies bei den Gläubigen hinsichtlich der Lehre der Kirche über die Unauflöslichkeit der Ehe Irrtum und Verwirrung."[31]

Zwischen diesem amtlichen Reden und der Denk- und Lebenswelt von zahlreichen Gläubigen besteht offensichtlich eine große Diskrepanz. Viele fühlen sich wegen des Scheiterns ihrer Ehe von der Kirche abgeschoben und meinen, in gar keiner Weise die Hilfe zu bekommen, derer sie in ihrer Situation besonders dringend bedürfen, um das Scheitern der ersten Ehe gut und zukunftsweisend zu verarbeiten und um ihre neue Ehe und Familie aus dem Glauben heraus lebendig und vertrauensvoll gestalten zu können. Das überträgt sich auch auf die Kinder, die durch ihre früheren familiären Erfahrungen ja besonders sensibel und verletzlich geworden sind. Der Umgang der Kirche mit den wiederverheirateten Geschiedenen wird so für viele leicht eine Anleitung zum Verlassen der Kirche.

Für die Theologie ist diese Situation bereits seit vielen Jahren eine große Herausforderung, die Möglichkeiten und Voraussetzungen einer vollen Wiederintegration wiederverheirateter Geschiedener in die Kirche zu untersuchen. Diese Bemühungen haben dazu geführt, daß das Glaubensverständnis der Ehe als sakramentaler Dauerbindung nicht nur bewahrt, sondern durch die Überwindung von in die Theologie und in die Seelsorge eingeschlichenen Engführungen auch vertieft wurde, wenn auch nicht zu leugnen ist, daß in der Hinsicht noch weiterführende Reflexionen und Überlegungen erforderlich sind. Verschiedene Theologen zeigten darüber hinaus mehrere Wege auf, wie die Kirchenstrukturen gestaltet werden könnten und sollten, damit eine lebendige und tragfähige Entfaltung des Glaubens- und Kirchenlebens der wiederverheirateten Geschiedenen und ihrer Familien nicht behindert, sondern gefördert wird. Gleichzeitig zeigten sie Wege auf, wie die in ihren Ehen Gescheiterten vorgehen müßten, um aus ihrem Versagen bzw. aus ihrem Schicksal bereichernde Kraft für ein besseres Gelingen neuer Bemühungen um wahrhaft christlich gestaltete Partnerschaft zu gewinnen.[33]

Auch über die Möglichkeiten der Integration von wiederverheirateten Geschiedenen in den kirchlichen Dienst gibt es eine lebhafte Diskussion. Nach R. Zerfaß zum Beispiel soll sie dann sinnvoll sein, wenn die Betroffenen zur kommunitären und individuellen Praxis der Nächstenliebe, die auf einer wahren, von Gott selbst erschlossenen Menschlichkeit des Menschen beruht, bereit sind.[34] H. Pompey aber sieht für sie nur eine Einsatzmöglichkeit in diakonischen Einrichtungen, die aus der herkömmlichen kirchenrechtlichen Einbindung herausgelöst wurden.[35]

Aufgrund dieser Entwicklung nimmt sich die kirchliche Seelsorge in den Gemeinden der kirchlichen und glaubensmäßigen Probleme der wiederverheirateten Geschiedenen und ihrer Familien in diskreter Weise und anscheinend zunehmend an. Das müßte im Interesse dieser Menschen und der Kirche auch in der Öffentlichkeit deutlicher bekannt werden.

Um die so dringlich nötige Identitätsfindung der Stieffamilien zu fördern statt zu behindern, müßte sich deshalb vor allem die Kirchenleitung nachdrücklicher und insbesondere argumentativer mit den Vorschlägen der Theologen und der Praxis der Seelsorger in dieser Hinsicht auseinandersetzen. Es ist deshalb als eine wichtige pastorale Hilfe anzusehen, daß jüngst die theologisch besonders profilierten Bischöfe der Oberrheinischen Kirchenprovinz einen Hirtenbrief sowie Leitlinien und Grundsätze selbst nicht mehr so, wie „Zur seelsorglichen Begleitung von Menschen aus zerbrochenen Ehen, Geschiedenen und wiederverheirateten Geschiedenen"[36] veröffentlicht haben, in denen die erreichte theologische Einsicht und die sich immer stärker durchsetzende pastorale Praxis in beachtlichem Ausmaß bestätigt und anempfohlen wird.

Besonders bemerkenswert ist der Hinweis darauf, daß wiederverheiratete Geschiedene zwar im Sinne des Kirchenrechts nicht zur Eucharistie „zugelassen" werden können, daß aber das kirchliche Recht nur allgemeine Regeln aufstelle und nicht den Einzelfall festlegen könne. Deshalb messen die Bischöfe der eigenen Verantwortung der betroffenen Gläubigen und der Verbindung mit ihren Seelsorgern große Bedeutung bei. Sie weisen auf die Möglichkeit einer Gewissensentscheidung hin, die nach eingehendem seelsorglichem Gespräch zu treffen, dann aber von der Kirche und der Gemeinde zu respektieren sei.

Man darf angesichts dieser theologischen und pastoralen Entwicklung hoffen, daß die Möglichkeiten zur vollwertigen Teilnahme der Zweitfamilien am kirchlichen Gemeindeleben noch mehr erleichtert wird. Man muß insbesondere alles Mögliche dafür tun, daß diese Familien die sich ihnen schon jetzt eröffnenden Möglichkeiten zur Teilnahme am Gemeindeleben und zu seiner aktiven Mitgestaltung besser nutzen als bislang.

Anmerkungen

1 Studie von Albert Solnit, zit. in: Most Regard Family Highly. In: New York Times, Oktober 10, 1989, S.A. 18; s.a. Familie als Verantwortungsgemeinschaft, 3. Familienbericht der Landesregierung NRW; H. Bertram (Hrsg.): Die Familie in Westdeutschland. Stabilität und Wandel familiärer Lebensformen. Opladen 1991; R. Peukert: Familienformen im sozialen Wandel. Opladen 1991; Teichert (Hrsg.): Junge Familien in der Bundesrepublik. Opladen 1992.

2 8. Jugendbericht. Bundestagsdrucksache 11/6576, 37.

3 H. Giesecke: Die Zweitfamilie. Leben mit Stiefkindern und Stiefvätern. Stuttgart 1987, 11.

4 A. Napp-Peters: Ein-Elternteil-Familien: Soziale Randgruppen oder neues familiales Selbstverständnis? Weinheim 1985.

5 W. Molinski: Modelle christlicher Ethik heute – Ehe und Familie. In: A. Hertz (Hrsg.): Moral. Grünewald Materialbücher. Mainz 1972, insbes. 197-209.

6 W. Molinski: Familie heute – Versuch einer sozialethischen Bewertung. In: M. Wingen (Hrsg.): Familie im Wandel. Situation, Bewertung, Schlußfolgerungen. Bad Honnef 1989, 121-150.

7 H. Büchele: Grundeinkommen ohne Arbeit: Auf dem Weg zu einer kommunikativen Gesellschaft. Wien 2. Aufl. 1985; J. Wiemeyer: Sozialethische Probleme eines Grundeinkommens ohne Arbeit. In: O. Kimminich u.a. (Hrsg.): Mit Realismus und Leidenschaft. Ethik im Dienst einer humanen Welt (FS V. Zgifkovits). Graz/Budapest 1993, 323-332.

8 A. Ziegler: Das natürliche Entscheidungsrecht des Mannes in Ehe und Familie. Ein Beitrag zur Frage der Gleichberechtigung von Mann und Frau. Heidelberg 1958.

9 Differenzierte Einsichten darüber will der Band von J. Horstmann (Hrsg.): "Nacheheliche Elternschaft. Grenzen und Möglichkeiten elterlicher Verantwortung nach dem Scheitern einer Ehe." (Schriftenreihe des Familienbundes der Deutschen Katholiken in NRW 8), Schwerte 1992 vermitteln.

10 A. Mitscherlich: Auf dem Weg zur vaterlosen Gesellschaft. München 1965.

11 Zurück zur postmodernen Familie. Geschlechterverhältnisse, Verwandtschaft und soziale Schicht im Silicon Valley. In: Soziale Welt. Zeitschrift für sozialwissenschaftliche Forschung und Praxis, 42 (1992) 300-322, hier 319.

12 W. Molinski SJ: Die Autoritätsstrukturen der Familie in menschenrechtlicher Sicht. In: A. Hertz u.a. (Hrsg.): Handbuch der christlichen Ethik, Bd. 3. Freiburg u.a. 1982 (Aktualisierte Neuausgabe 1993), 280-298.

13 H. Kramer: Aus der Elternschaft kann man sich nicht entlassen. In: J. Horstmann (Hrsg.): Nacheheliche Elternschaft, a.a.O., 85-104.

14 H. Kramer, a.a.O.; I. Schwenzer: Empfiehlt es sich, das Kindschaftsrecht neu zu regeln? – Gutachten. In: Verhandlungen des 59. Deutschen Juristentages, Hannover 1992. Bd. I – Gutachten. München 1992, A 1 – A 112.

15 I. Schwenzer: a.a.O., A 41 – A 52

16 M. Coester: Das Familienrecht: Möglichkeiten und Grenzen juristischer Regelungen der nachehelichen Elternschaft. In: J. Horstmann (Hrsg.): Nacheheliche Elternschaft, a.a.O., 13-30; ders.: in diesem Band.

17 H. Giesecke: Die Zweitfamilie. Leben mit Stiefkindern und Stiefvätern. Stuttgart 1987, 13.

18 W.E. Fthenakis u.a.: Kindliche Bewältigung des Scheidungsgeschehens. Empirische Befunde und Konsequenzen für den Reorganisationsprozeß der Familie. In: J. Horstmann (Hrsg.): Nacheheliche Elternschaft, a.a.O., 53-83, insbes. 60-64.

19 U.-J. Jopt: Fortbestehende Elternschaft und Nachscheidungsfamilie. In: J. Horstmann (Hrsg.): Nacheheliche Elternschaft, a.a.O., 36.

20 W. Molinski: Eltern. In: Sacramentum Mundi I. Freiburg/Basel/Wien 1967, 1022-1036; ders.: Kirche und uneheliche Kinder. In: Ders. (Hrsg.): Uneheliche Kinder – rechtlose Kinder? Recklinghausen 1967, 36-63. Anhand der dortigen Ausführungen und der dort erwähnten Literatur wird deutlich, daß die natur- bzw. menschenrechtliche Denkweise der katholischen Tradition für das Kindesrecht nichtehelicher Kinder und von Kindern aus geschiedenen Ehen aufgeschlossener war, als U.-J. Jopt im eben erwähnten temperamentvollen Beitrag meint. Auch das Kirchenrecht von 1917 geht in C. 1132 davon aus, daß im Falle einer Aufhebung der ehelichen Lebensgemeinschaft das Sorgerecht nach den Erfordernissen des Kindeswohls zu regeln ist, nimmt dann jedoch als Tatsache an, daß dem Kindeswohl in der Regel eine Erziehung bei dem sog. unschuldigen Teil entspricht. Der C 1154 des Kirchenrechts von 1983 nimmt Abschied von dieser Tatsachenvermutung und fordert nur noch: "Nach erfolgter Trennung der Ehegatten muß immer in geeigneter Weise für den nötigen Unterhalt und die Erziehung der Kinder gesorgt werden". Die Orientierung am Kindeswohl spielt neuerdings bei der Bestimmung der Kindesrechte von künstlich gezeugten Kindern sowohl gegenüber ihren biologischen Eltern als auch gegenüber ihren Pflegeeltern eine keineswegs bloß einseitig auf die Eltern zentrierte Rolle. Siehe u.a. W. Molinski: Ethik und Humangenetik. In: N. Huber/H. Schoch (Hrsg.): Grenzsituationen menschlichen Lebens. Freiburg 1986, 46-85.

21 W.E. Fthenakis u. W. Griebel: Was kommt nach der Scheidung? Zweitfamilien. In: Psychologie heute. Juli 1985, 21ff., insbes. 23: "Ich habe jetzt zwei Papis". Die Situation der Kinder in Stieffamilien; V. Krähenbühl u.a.: Stieffamilien. Freiburg 1986, insbes. 83, 193, 200 u. 201.; J. Friedl u. R. Maier- Aichen: Leben in Stieffamilien. Weinheim u. München 1991; Dies.: Hauptsache eine Familie? Wie Kinder in Stieffamilien leben. In: Psychologie heute. September 1991, 46-53 stellen fest, daß im Unterschied dazu in klinischen Untersuchungen bei einem Großteil der Stiefkinder Verhaltensauffälligkeiten und psychische Probleme festgestellt wurden; R. Peukert: Familienformen im sozialen Wandel. Opladen 1991, 124-128.

22 I. Schwenzer, a.a.O., A 79 – A 82.

23 M. Wingen: Familie heute – Entwicklung, Bestandsaufnahme, Trends. In: Ders. (Hrsg.): Familienwandel – Situation, Bewertung, Schlußfolgerungen. Bad Honnef 1989, insbes. 29-34.

24 M. Wingen: Scheidungswaisen im Spiegel der amtlichen Statistik. Befunde zur Lebenslage der Scheidungswaisen aus sozialwissenschaftlich-statistischer Sicht mit einigen familienpolitischen Schlußfolgerungen. In: J. Horstmann (Hrsg.): Nacheheliche Elternschaft, a.a.O., 131-161, hier 159-160.

25 J. Horstmann (Hrsg.): Nacheheliche Elternschaft, a.a.O., 10.

26 Diözesanrat der Katholiken im Erzbistum Köln (Hrsg.): Wer Kinder liebt, hilft ihren Eltern. Impulse für die Pfarrgemeinde (1992), 13.

27 ebd.

28 Nach H. Heinz: Zur kirchlichen Anstellung und Kündigung von wiederverheirateten Geschiedenen. Pastoraltheologisches Gutachten für den CaritasVerband Augsburg 1991, 12.

29 Herder Korrespondenz 47 (1993) 466.

30 Die Deutschen Bischöfe (Hrsg.): Erklärung zum kirchlichen Dienst. Bonn 1983 (Nr. 35); A. Rauscher: Die Eigenart des kirchlichen Dienstes. Zur Entscheidung der katholischen Kirche für den "dritten Weg". Würzburg 1983; Th. Herr: Arbeitgeber Kirche – Dienst in der Kirche. Biblische und theologische Grundlagen. Paderborn 1985; B.O. Kuper: Werte kirchlicher Dienstgemeinschaft – aus der Sicht der Caritas. In: Ordenskorrespondenz (1986) 170176; F. Bleistein/A. Thiel: Kommentar zur Rahmenordnung für eine Mitarbeitervertretungsordnung. Neuwied 1987; S. Marx: Die arbeitsrechtliche Kirchlichkeitsklausel im Spannungsfeld zwischen kirchlichen Anforderungen und staatlichem Recht (Fuldaer Hochschulschriften; 11). Frankfurt/Main 1990.

31 Familiaris Consortio (22. November 1981) Nr. 84

32 U. Baumann: Die Ehe – ein Sakrament? Zürich 1988.

33 J. Gründel: Die Zukunft der christlichen Ehe. München 1978; H. Krätzl: Seelsorge an wiederverheirateten Geschiedenen. Wien 1979; ders.: Thesen zur Pastoral an wiederverheirateten Geschiedenen. in: Theologisch-praktische Quartalsschrift 129 (1981) 79-86; – H. Kramer: Ehe war und wird anders. Düsseldorf 1982; P.M. Zulehner: Scheidung – was dann? Fragment einer katholischen Geschiedenenpastoral. Düsseldorf 1982; M. Kaiser: Geschieden und wiederverheiratet – Beurteilung der Ehen von Geschiedenen, die wieder heiraten. Regensburg 1983; J. Enichlmayr: Wiederverheiratet nach Scheidung. Kirche im Dilemma. Freiburg 1986; W. Beinert (Hrsg.): Braucht Liebe (noch) die Ehe? Regensburg 1988; P.M. Zulehner: Aufatmen – Eine Ermutigung für Geschiedene. Ostfildern bei Stuttgart 1989; B. Häring: Zur Pastoral bei Scheidung und Wiederverheiratung. Freiburg 1989; B. Liss: Krise, Scheidung, Neubeginn. Pastorale Erfahrungen in einer menschenfreundlichen Kirche. Würzburg 1990; G. Lachner: Die Kirchen und die Wiederheirat Geschiedener (Beiträge zur ökumenischen Theologie; 21) Paderborn 1991; R. Rüberg (Hrsg.): Nach Scheidung wieder verheiratet. Düsseldorf u. Bornheim 1993.

34 R. Zerfaß: Das Proprium der Caritas als Herausforderung an die Träger. In: Deutscher Caritasverband (Hrsg.): Caritas '93. Jahrbuch des Deutschen Caritasverbandes. Freiburg i.Br. 1992, 27-40, insbesondere 30; ders.: Lebensnerv Caritas. Helfer brauchen Rückhalt. Freiburg i.Br. 1992.

35 H. Pompey: Das Profil der Caritas und die Identität ihrer Mitarbeiter/innen. In: Deutscher Caritasverband (Hrsg.): Caritas '93. Jahrbuch des Deutschen Caritasverbandes. Freiburg i.Br. 1992, 11-26, insbesondere 22-26; s.a. E. Schockenhoff: Um der Glaubwürdigkeit willen. Für eine differenzierte Kündigungspraxis im kirchlichen Dienst bei Scheidung und Wiederverheiratung. In: Herder Korrespondenz 45 (1991) 278-282.

36 Herder Korrespondenz 47 (1993) 460-467.

Die Rechtsbeziehungen zwischen Stiefelternteil und Stiefkind

von

MICHAEL COESTER

1. Geltendes Recht

Die Bezeichnungen „Stiefkind" oder „Stiefelternteil" sind volkstümlich, aber keine Rechtsbegriffe. Das Recht erfaßt die Beziehung zwischen einem Kind und dem mit ihm nicht verwandten Ehegatten seiner Mutter oder seines Vaters als *Schwägerschaft* (ersten Grades in gerader Linie), § 1590 I BGB. Die Schwägerschaft im allgemeinen äußert nur geringe rechtliche Wirkungen (Aussageverweigerungsrecht; Eheschließungsverbot, § 4 EheG); den Besonderheiten des Stiefkindverhältnisses ist nur vereinzelt Rechnung getragen.

Verfassungsrechtlich ist anerkannt, daß auch Stiefkinder und Stiefelternteil eine „Familie" i. S. d. Art. 6 I GG darstellen, wenn sie in familiärer Gemeinschaft leben.[1] Auch sie können also „besonderen Schutz" und Förderung im Sinne dieser Bestimmung beanspruchen. Das einfache Gesetz, insbesondere das Zivilrecht, trägt dem jedoch kaum Rechnung.

Im persönlichen Verhältnis unterscheidet sich der Stiefelternteil rechtlich nicht von einem beliebigen Dritten. Ein Sorgerecht für das Stiefkind ist nicht vorgesehen, auch keine Beteiligungsrechte an der Erziehung durch den sorgeberechtigten Elternteil, mit dem der Stiefelternteil verheiratet ist. Allenfalls kann *diesem* gegenüber die Pflicht bestehen, ihm bei der Pflege und Erziehung seiner Kinder zu helfen – als Ausfluß der allgemeinen eherechtlichen Beistandspflicht, § 1353 BGB, oder kraft ausdrücklicher Vereinbarung[2.] Eine Rechts- oder Pflichtenstellung dem Kind gegenüber ist damit nicht verbunden. Konsequenterweise bleibt auch bei Ehescheidung das Kind ohne weiteres und ausschließlich seinem Elternteil zugeordnet – eine Sorgerechtsentscheidung zwischen diesem und dem Stiefelternteil findet nicht statt, ein Umgangsrecht gem. § 1634 BGB oder auch nur § 1711 BGB besteht nicht. Dies gilt auch, wenn der Stiefelternteil in der Ehe die Hausrolle und damit faktisch auch die Kindesbetreuung übernommen hatte und deshalb eine enge psychosoziale Beziehung mit dem Kind hat. Allenfalls bei sonst drohender Kindesgefährdung kann ihm ein Umgangsrecht eingeräumt oder gar das Kind zugewiesen werden – aber nicht als Elternteil, sondern als Vormund (§ 1666 BGB), ständig unter dem Damoklesschwert einer Aufhebung dieser Anordnung, wenn das Kind ohne Gefährdung zum rechtlichen Elternteil zurückgegeben werden kann (§ 1696 II BGB).[3] Etwas günstiger sieht die Rechtslage aus, wenn der sorgeberechtigte Elternteil stirbt und sich die Frage stellt, ob das Kind in seiner bisherigen Umgebung und beim Stiefelternteil bleiben oder zum bisher nicht sorgeberechtigten Elternteil, dem Ehegatten des Verstorbenen aus erster Ehe, überwechseln soll: § 1681 I 2 BGB ermöglicht hier eine Kindeswohlprüfung und eine Entscheidung zugunsten des Stiefelternteils schon dann, wenn die Plazierung bei ihm dem Wohl des Kindes wesentlich besser dient.[4]

Die sorgerechtliche Nichtbeziehung zwischen Stiefkind und Stiefelternteil hat Konsequenzen auch für die sonstigen persönlichen Beziehungen: Das rechtliche Gebot wechselseitigen Beistands und Rücksicht zwischen Eltern und Kindern (§ 1618a BGB) wendet sich nicht an die Parteien des Stiefkindverhältnisses[5] und auch eine Mitarbeitspflicht des Kindes im Haushalt (§ 1619 BGB) besteht dem Stiefelternteil gegenüber nicht.[6]

Eine *Unterhaltspflicht* ist weder zwischen Verschwägerten im allgemeinen noch speziell im Stiefkind-Verhältnis statuiert – weder als unmittelbarer, wechselseitiger Anspruch nach §§ 1601 ff. BGB noch mittelbar als Teil des Familienunterhalts, den nach §§ 1360, 1360a BGB ein Ehegatte dem anderen schuldet: Nur für gemeinsame, nicht für einseitige Kinder kann dieser Unterhalt verlangt werden. Allerdings können und werden sich Verlobte, von denen einer ein Kind „mit in die Ehe bringt", regelmäßig darauf einigen, daß der Unterhaltsbeitrag des Stiefelternteils auch die Bedürfnisse des Kindes seines künftigen Gatten mitumfaßt. Aus bloßer faktischer Übernahme der Mitversorgung, wie sie häufig geschehen wird, kann aber nicht schon ohne weiteres auf eine vertragliche Rechtsverpflichtung, dies auch weiterhin zu tun, geschlossen werden.[7] Außerdem bleibt, ob mit oder ohne vertragliche Unterhaltsverpflichtung des Stiefelternteils, eine Schutzlücke für das Kind: Wird der Stiefelternteil als „Ernährer der Familie" etwa bei einem Verkehrsunfall getötet, haben *dessen* Kinder einen Schadenersatzanspruch gegen den Schuldigen aus § 844 Abs. 2 BGB, das Stiefkind hingegen mangels einer gesetzlichen Verpflichtung nicht.[8]

Ganz punktuell bedenkt allerdings auch das Gesetz die Unterhaltsbedürfnisse des Stiefkinds: Verstirbt sein rechtlicher Elternteil ohne Hinterlassung eines Testaments, wird in der Zugewinngemeinschaft der gesetzliche Erbteil des überlebenden Ehegatten (= Stiefelternteils) um ein Viertel erhöht (§ 1371 I BGB). Die hierdurch eintretende Minderung des Erbteils der Kinder sucht § 1371 IV BGB auszugleichen, da sie beim späteren Tod des Stiefelternteils nicht unbedingt mit letztwilliger Begünstigung rechnen können (anders als dessen leibliche Kinder.[9]) Deshalb gewährt § 1371 IV BGB den Stiefkindern einen Anspruch auf Zahlung von Ausbildungsunterhalt, soweit sie bedürftig sind. Die Zahlungspflicht des Stiefelternteils ist allerdings wertmäßig auf das zusätzliche Viertel gem. § 1371 I BGB begrenzt. Sie kann außerdem leicht umgangen werden: Durch den Stiefelternteil, wenn er die gesetzliche Erbschaft ausschlägt und stattdessen den Pflichtteil plus rechnerischen Zugewinnausgleich verlangt (§ 1371 III BGB); durch den Erblasser, in dem er seinen Gatten testamentarisch einsetzt oder seine Kinder enterbt oder nur den Anspruch nach § 1371 IV BGB ausschließt.

Besonderes gilt schließlich noch für den *Namen* des Kindes. Ist es nichtehelich, so ändert sich der Name nicht kraft Gesetzes, wenn die Mutter heiratet und den Namen ihres Mannes (des Stiefvaters) annimmt (§ 1617 III BGB). § 1618 I 1 Alt.1 BGB eröffnet aber den Ehegatten die Möglichkeit, dem Kind ihren Ehenamen, also den Namen des Stiefvaters zu erteilen. Abgesehen vom Namenswechsel hat dies jedoch keine Status- oder Rechtsänderung im Verhältnis zum Stiefvater zur Folge. Stammt das

Kind aus einer früheren Ehe, so trägt es den Ehenamen seiner Eltern (§1616 BGB); eine Einbenennung in den neuen Familien- und Namensverband der Zweitehe sieht das Familienrecht nicht vor. Dennoch versuchen vor allem sorgeberechtigte Mütter nach Scheidung und Neuheirat immer wieder, auch dem Kind aus erster Ehe den Namen ihres zweiten Mannes zu übertragen. Dies geht nur auf verwaltungsrechtlichem Wege (§§ 1, 3 NÄG) und führt wegen des Widerstands des Gatten aus der ersten Ehe häufig zu erbitterten Streitigkeiten.[10]

Von diesen vereinzelten und zum Teil nur symbolischen Zuge- ständnissen abgesehen, ignoriert das Gesetz nach alledem das familiäre Näheverhältnis zwischen Stiefelternteil und Kind. Es eröffnet dem Stiefelternteil jedoch eine Möglichkeit, pauschal in die rechtliche Elternstellung einzurücken – die Adoption des Kin- des seines Ehegatten („Stiefkindadoption", § 1741 II 2 Alt. 2 BGB). Voraussetzung ist dessen Einwilligung sowie die des Kindes, bei ehelichen Kindern auch die des anderen Elternteils (§§ 1746, 1747 I BGB).[11] Mit dem Ausspruch der Adoption durch das Gericht werden beide Ehegatten rechtliche Eltern wie bei einem gemeinsamen Kind, im übrigen erlöschen die bisherigen Ver- wandtschaftsbeziehungen (insb. zum anderen leiblichen Eltern- teil), §§ 1754 I, 1755 BGB. Damit erlangt der bisherige Stiefel- ternteil die volle rechtliche Elternstellung mit allen Konsequen- zen (Sorgerecht, Unterhaltspflicht, Name, Erbrecht). Aus der Sicht des Kindes tritt der Stiefelternteil voll an die Stelle des ausscheidenden leiblichen Elternteils.

2. Würdigung des geltenden Rechts

Etwas vergröbert gesagt, verfolgt das geltende Recht ein „Nichts- oder-alles-Prinzip". In der Realität dürfte es dem sozialen Häu- figkeitsmodell entsprechen, daß „mitgebrachte" Kinder eines Part- ners, wenn man sich zur Lebensgemeinschaft mit diesem ent- schließt, ebenfalls als Mitglieder der neuen Familie akzeptiert werden – der Stiefelternteil wächst faktisch und psychologisch in die Rolle eines weiteren Elternteils neben seinem Gatten hinein. Ist noch ein anderer leiblicher Elternteil vorhanden, sehen die

Kinder den Stiefelternteil regelmäßig als „dritten Elternteil" an. Das Gesetz trägt dieser differenzierten, gelebten Wirklichkeit nicht Rechnung. Lediglich die volle rechtliche Übernahme des Kindes durch Adoption wird als Ausweg angeboten. Dieser Weg ist aber schon konzeptionell unbefriedigend und führt immer wieder zu unerquicklichen Situationen. Schon der durch das Prinzip der Volladoption bedingte rechtliche Wegfall des anderen biologischen Elternteils muß als sachwidrig und unproportional bezeichnet werden, er bedeutet für das Kind einen erheblichen Verlust in persönlicher und vermögensmäßiger Hinsicht. Sodann wird es Stiefelternteilen nicht immer einleuchten, warum sie zum Kind nur entweder gar keine oder eine vollwertige, endgültige Elternbeziehung begründen können. Wenn sie sich zu zweiterer entschließen, geschieht dies regelmäßig dem neuen Partner zuliebe, als Ausdruck der Bereitschaft zu umfassender familiärer Einheit und Harmonie. Für den Partner und Elternteil des Kindes bietet sich die Adoption umgekehrt oft als Kampfinstrument in der fortdauernden Auseinandersetzung mit dem geschiedenen Gatten aus erster Ehe an. Scheitert nun die neue Partnerbeziehung mit dem Stiefelternteil, sieht dieser regelmäßig auch die „Geschäftsgrundlage" für seine durch Adoption erlangte Elternstellung entfallen – eine Aufhebung der Adoption ist aber kaum je möglich. Die Kinder haben also durch die Adoption einen leiblichen Elternteil verloren und stattdessen einen rechtlichen Elternteil, der seine Elternrolle ablehnt, erhalten.

Diese Schwächen der Stiefkindadoption sind seit langem bekannt,[12] auch ihre Ungeeignetheit in der pädagogisch schwierigen Stiefkindsituation. In einigen Nachbarländern hat man diese Form der Adoption deshalb verboten[14] und bietet dem Stiefelternteil sachgerechtere Formen der elterlichen Beteiligung an. So wird auf dem Gebiet des Sorgerechts gelegentlich Miterziehung und Mitverantwortung durch den Stiefelternteil statuiert (Art. 299 Schweizerisches ZGB; § 47 I, II FGBDDR);[15] in England ist derjenige, der (ohne Sorgerecht) tatsächlich die Kinder betreut, befugt, alle interessengerechten Handlungen und Entscheidungen zu treffen (Sec. 3 [5] Children Act 1989). Unterhaltsrechtlich gibt es entweder eine Beistandspflicht gegenüber den Ehegatten,[16] oder die Stiefkinder fallen ohne weiteres unter den zu leistenden „Familienunterhalt".[17]

Die (im Grimm'schen Sinne) „stiefmütterliche" Behandlung der Stiefkinder im BGB wird schon seit Jahrzehnten kritisiert, vor allem nach dem 2. Weltkrieg,[18] im Rahmen der Sorgerechtsreform von 1979[19] und jetzt wieder im Vorfeld einer (hoffentlich) umfassenden Kindschaftsrechtsreform.[20] Ein Regelungsbedürfnis ist nahezu unbestritten; die rechtspolitische Bedeutung des Problems sollte in Zeiten steigender Scheidungsziffern und wachsender Aufmerksamkeit für „neue" Familienstrukturen ebenfalls unübersehbar geworden sein. Allerdings hat die Problematik durch die Tendenzen zur Fortführung beiderseitiger Elternverantwortung nach Scheidung eine neue, komplizierende Dimension erhalten. In diesem Sinne sollen die Konturen eines sachgerechten Stiefelternrechts im folgenden kurz skizziert werden.

3. Konturen einer Reform

3.1 Grundfragen

a) Gegenstand des rechtlichen Ausbaus sollte das unmittelbare Verhältnis zwischen Stiefelternteil und Kind sein, nicht die Beziehung zwischen Stiefelternteil und Partner. In der Schweiz und der früheren DDR erscheint die Mitwirkung des Stiefelternteils an der Erziehung als Pflicht dem Gatten = leiblichen Elternteil gegenüber; nur so kann derzeit auch im BGB allenfalls eine vertragliche Unterhaltspflicht konstruiert werden.[21] Das Kind ist dann nur mittelbar Begünstigter einer ehelichen Pflicht. Dieser Regelungsansatz wird auch für die anstehende Reform gefordert.[22] Er erscheint jedoch nicht sachgerecht, denn der Stiefelternteil baut unmittelbare psychosoziale Beziehungen zum Kind auf, das Kind nimmt ihn nicht nur mediatisiert durch seinen leiblichen Elternteil wahr. Diese unmittelbaren Beziehungen i. S. wechselseitiger Rechte und Pflichten müssen Regelungsansatz sein, da sie – ungeachtet ihrer Akzessorietät zur Partnerbeziehung – als eigenständiges Verhältnis gelebt und auch nur sinnvoll sein können. Eine Koordination mit der Rechtsstellung des Hauptsorgeberechtigten bleibt auch dann ohne weiteres möglich.

Das Stiefelternproblem ist demnach ein kindschaftsrechtliches, kein eherechtliches.

b) Aus dem Ansatz unmittelbar beim Stiefeltern-Kind-Verhältnis als psychosozialem Phänomen folgt, daß eine *Ehe* nicht unverzichtbare Voraussetzung der neu zu regelnden Stiefelternstellung ist. Entscheidend ist nur, daß ein Elternteil mit Kindern in einer familiären Lebensgemeinschaft mit einem Partner lebt, der nicht Elternteil der Kinder ist, die Elternrolle aber faktisch dauerhaft ausfüllt (je nach der Rollenverteilung in der Partnerschaft). Der Prozeß der Emanzipation des Kindesverhältnisses von der Ehe[23] hat auch hier seine Berechtigung. Zweifel hinsichtlich der tatbestandlichen Erfaßbarkeit und Abgrenzbarkeit von „nichtehelichen Lebensgemeinschaften" haben zurückzutreten, seit das BVerfG diese Lebensform als „typische Erscheinung des sozialen Lebens" im Sinne einer „Verantwortungs- und Einstehensgemeinschaft" eingestuft und für regelbar gehalten hat.[24]

c) Rechte und Pflichten des Stiefelternteils können nur aus faktischer, freiwilliger Funktionsübernahme legitimiert werden. Die Statuierung von einer Rechtspflicht, Kinder des Partners mit in den gemeinsamen Haushalt aufzunehmen,[25] ist deshalb abzulehnen. Wie sollten auf der Basis erzwungener Aufnahme die Übernahme von Sorgeverantwortung und Unterhaltspflicht rechtspolitisch zu rechtfertigen sein?

3.2 Sorgerecht

3.2.1 Bestehende Familiengemeinschaft

Darüber, daß der Stiefelternteil auch rechtlich in die Betreuung und Erziehung der Kinder des Partners eingebunden werden sollte, besteht weitgehender Konsens.[26] Die Einigkeit erstreckt sich wohl auch darauf, daß der Stiefelternteil nicht vollwertiger Sorgerechtsinhaber neben dem leiblichen Elternteil werden, sondern nur in abgeschwächter Form an dessen Sorgerecht „teilhaben" soll.[27] Andererseits würde eine bloße Ausübungsberechtigung fremder Sorgebefugnis (des leiblichen Elternteils) der regel-

139

mäßigen Bedeutung des Stiefelternteils im Leben des Kindes nicht gerecht – sie liegt kraft (zumindest konkludenter) Ausübungsübertragung auch heute schon regelmäßig vor.[28] Schon aus pädagogischen Gründen sollte der Stiefelternteil dem Kind als eigenständige und eigenberechtigte Persönlichkeit gegenübertreten.[29] Eigene, nicht nur abgeleitete Verantwortung mindert auch das Bedürfnis nach einer Stiefkindadoption.[30] Zu denken wäre demnach an ein *Mitsorgerecht bei der laufenden Betreuung und Erziehung des Kindes* (umfassend auch die Vertretung nach außen nach den Grundsätzen des § 1629 BGB); Angelegenheiten, „deren Regelung für das Kind von erheblicher Bedeutung sind", unterfielen bei Uneinigkeit beider Erziehenden hingegen nicht dem hierfür vorgesehenen Schlichtungssystem des § 1628 BGB, sondern wären maßgeblich vom Hauptsorgeberechtigten zu entscheiden.[31] Wie die Hauptsorge ist auch die Mitsorge „Pflichtrecht" im Sinne des BVerfG,[32] d. h. Befugnis allein zu dem Zweck, um rechtlicher Verantwortung gegenüber dem Kind (nicht dem Partner) genügen zu können. Inhaltlich wird die Pflicht – wie auch bei gemeinsamen Kindern – von der eheinternen Rollenverteilung der Partner vorgezeichnet. Deshalb kann die Mitsorge, solange die familiäre Hausgemeinschaft fortdauert, auch nicht zur Disposition des leiblichen Elternteils stehen – dieser hat sie nicht verliehen (sondern das Gesetz) und kann sie auch nicht ohne weiteres widerrufen.

Besondere Probleme könnten sich bei fortgeführtem gemeinsamen Sorgerecht der leiblichen, aber geschiedenen Eltern ergeben. Hier scheint das Mitsorgerecht eines neuen Partners, als „dritten Elternteils" gewissermaßen, zu stören. Nun bedeutet aber das Hinzutreten eines neuen Partners ohnehin schon faktisch/psychologisch einen Belastungsfaktor für die fortgeführte Kooperation der geschiedenen Gatten.[33] Im übrigen ist es ein Verdienst der systemischen Familiensicht, auf den Fortbestand, die Ausdifferenzierung und Ausweitung des familiären Bezugsnetzes bei Scheidung und Neuheirat hinzuweisen.[34] Es ist weder Aufgabe des Rechts noch sinnvoll, aus der Vielfalt der familiären Bezüge immer wieder erneut eine „Kernfamilie" herauszuschneiden und zu isolieren.[35] Juristen wie Beteiligte müssen lernen, mit einer scheidungsgeprägten sozialen Wirklichkeit umzugehen, d. h. mit differenzierten, „modernen" Familienstrukturen und mit konkurrierenden Beziehungen des Kindes zu mehreren Erwachsenen. So erfordert gemeinsame Elternverantwortung nach Scheidung schon jetzt die Akzeptanz eines neuen Partners des Ex-Gatten (ohne diese Akzeptanz zerbricht das Kooperationsmodell). Kann sie aufgebracht werden hinsichtlich der faktischen Präsenz des neuen Partners in der Wohnung von Ex-Gatte und Kind, dann ist es zur weiteren Akzeptanz von dessen Sorgebeteiligung kein großer Schritt mehr.

Im einzelnen bedarf es noch einiger Klärungen: Die Mitsorge des Stiefelternteils kann nur auf Teilhabe an der Sorgeberechtigung seines Partners, nicht etwa beider Elternteile gerichtet sein – sie ist gewissermaßen akzessorisch zur Hauptsorge des Partners. Sie geht verloren mit dieser, etwa nach einer ändernden Sorgerechtsentscheidung zwischen den Eltern (§ 1696 I BGB).[36] Ihr Bezug auf die laufende Betreuung und Erziehung des Kindes bindet sie auch an den grundsätzlichen Aufenthalt des Kindes in der Hausgemeinschaft des Stiefelternteils und seines Partners. Wechselt das Kind im Rahmen gemeinsamen Sorgerechts der Eltern periodisch den Aufenthalt („Pendelmodell"), so ruht die Mitsorge des Stiefelternteils während der Abwesenheit des Kindes (möglicherweise lebt beim anderen Elternteil das Mitsorgerecht eines anderen Stiefelternteils auf).[37] Voraussetzung der rechtlichen Ausübungsbefugnis der Mitsorge ist damit die „Obhut" des Kindes durch Stiefelternteil und Partner (ähnlich dem Regelungsmodell des § 1629 II 2 BGB).[38]

3.2.2 Auflösung der Stiefeltern-Familie

Stirbt der alleinsorgeberechtigte Elternteil, wird die bereits erwähnte Regelung des § 1681 I 2 BGB weithin als befriedigend empfunden: Das Sorgerecht ist dem anderen leiblichen Elternteil zu übertragen, „es sei denn, daß dies dem Wohle des Kindes widerspricht". Diese Vorschrift trägt einerseits dem Elternrecht des Art. 6 II, III GG Rechnung, andererseits aber auch einer etwaigen psychosozialen Bindung des Kindes an den Stiefelternteil: Die Eingriffsgrenze in das Elternrecht ist gegenüber § 1666 BGB deutlich vorgelagert.[39]

Eine Mitsorge des Stiefelternteils verändert diese Rechtslage nicht. Der Tod des Hauptsorgeberechtigten führt nicht zum Erlöschen der Mitsorge – die fortdauernde Verantwortung des Stiefelternteils für die laufende Betreuung und Erziehung dient in besonderer Weise dem Kindeswohl. Die Position des vollen Sorgerechtsinhabers ist jedoch vakant geworden, über sie muß entschieden werden. Der Maßstab des § 1681 I 2 BGB erweist sich auch künftig als angemessen – bisheriges Mitsorgerecht und verantwortungsvoll ausgefüllte Stiefelternrolle können im Rahmen der gebotenen Kindeswohlprüfung gewürdigt werden.[40] Eine freie Abwägung zwischen anderem Elternteil und Stiefelternteil, wie sie der DJT-Beschluß von 1992 suggeriert (Entscheidung „entsprechend dem Kindeswohl"),[41] könnte im Lichte von Art. 6 II, III GG kaum Bestand haben. Gebührt demnach im Einzelfall dem Stiefelternteil der Vorrang, sollte er allerdings nicht – wie nach geltendem Recht – zum Vormund bestellt werden, sondern das volle elterliche Sorgerecht erhalten können.[42]

Bei Scheidung der Stiefeltern-Ehe sollte eine dem § 1681 I 2 BGB entsprechende Prüfungs- und Entscheidungsmöglichkeit eingeführt werden.[43] Es ist unbefriedigend, wenn – wie nach geltendem Recht – erst eine ernsthafte Gefährdung des Kindes beim leiblichen Elternteil eine Plazierung beim Stiefelternteil rechtfertigen kann.[44] Nichts anderes sollte letztlich gelten, wenn die leiblichen Eltern des Kindes nach Scheidung ihrer Ehe die Sorgerechtsverantwortung weiter gemeinsam ausgeübt hatten, der Stiefelternteil als mitsorgeberechtigter Dritter hinzugetreten war und nun *seine* Ehe mit einem der sorgeberechtigten Elternteile zerbricht. Zunächst erscheint es befremdlich, daß das Gericht überhaupt die Möglichkeit haben soll, zwischen beiden leiblichen Elternteilen einerseits, dem Stiefelternteil andererseits abzuwägen (nach dem Maßstab des § 1681 I 2 BGB). Diese Abwägung gibt jedoch genügend Spielraum, Elternrecht wie auch Kindeswohl angemessen Rechnung zu tragen: Hat das Kind eine positive Beziehung auch nur zu einem der leiblichen Elternteile und ist dieser auch sonst betreuungsgeeignet und -bereit, kommt eine Zuweisung an den Stiefelternteil nicht in Betracht.[45] Nicht auszuschließen ist aber auch folgende Fallgestaltung: Die leiblichen Eltern haben gemeinsames Sorgerecht; das Kind lebt jedoch beim Vater (Residenzmodell), die Mutter kümmert sich kaum um das Kind.[46] Der Vater heiratet neu, die Stiefmutter übernimmt jahrelang die Betreuung der Kinder und wird zu ihrer zentralen Bezugsperson. Scheitert jetzt die Ehe mit dem Vater, ist das gemeinsame Sorgerecht der leiblichen Eltern kein tragfähiger Grund, anders zu entscheiden als bei Alleinsorge des Vaters. Der Gefährdungsmaßstab des § 1666 BGB ermöglicht keine angemessene Reaktion auf derartige Fälle.

Verliert der Stiefelternteil nach den vorgenannten Maßstäben das Kind (sei es nach Tod des Partners oder nach Scheidung), sollte die Möglichkeit einer *Umgangsbefugnis* vorgesehen werden. Da Umgangsstreitigkeiten oft zu schwerwiegenden Belastungen vor allem für das Kind führen können, ist hinsichtlich der Vermehrung von Umgangsberechtigten allerdings Zurückhaltung geboten.[47] Nur der Erhalt einer gewachsenen psychosozialen Beziehung kann fortbestehenden Umgang rechtfertigen, so daß die Entscheidungsmaßstäbe des § 1711 BGB für den Stiefelternteil angemessener erscheinen als die des § 1634 BGB.

3.3 Unterhalt

Über die Einführung einer gesetzlichen Unterhaltspflicht des Stiefelternteils besteht weniger Einigkeit als hinsichtlich des Sorgerechts. Einer (z. T. eingeschränkten) Befürwortung in der Literatur[48] steht eine recht eindeutige Ablehnung durch den DJT 1992 gegenüber.[49] Die Bedenken resultieren vor allem aus einer allgemeinen (durch den Geschiedenenunterhalt verursachten) „Unterhaltsphobie"; außerdem wird auf eine Gefährdung der Interessen leiblicher Kinder des Stiefelternteils sowie der Heiratschancen von ledigen und geschiedenen Müttern hingewiesen.

Diesen Gefahren kann durch ein sorgfältig konzipiertes Unterhaltsrecht Rechnung getragen werden: Eine Unterhaltspflicht des Stiefelternteils ist legitimierbar nur bei freiwilliger Aufnahme minderjähriger Stiefkinder in die familiäre Hausgemeinschaft (endet also bei deren Aufgabe oder mit Volljährigkeit des Kindes). Sie bestände – allgemeinen Grundsätzen entsprechend – nur bei Bedürftigkeit des Kindes. Insoweit wäre die Unterhaltspflicht der leiblichen Eltern als vorrangig einzustufen – der Stiefelternteil muß also nicht zur Entlastung des geschiedenen anderen Elternteils herhalten. Konkurrierenden Unterhaltsansprüchen leiblicher Kinder des Stiefelternteils gegenüber müßte der Stiefkindanspruch nachrangig sein. Selbst wenn demnach dem Stiefkind Unterhalt geschuldet wird, sollte doch eine Rückgriffsmöglichkeit von Sozialleistungsträgern ausgeschlossen sein.[50]

Eine so begrenzte Unterhaltspflicht erscheint sodann aber einer rechtlich ausgestalteten Stiefeltern-Kind-Beziehung als angemessen – sie ist das Korrelat zur rechtlichen Anerkennung als mitsorgeberechtigter Elternteil. Sie kann unter den bezeichneten Umständen auch vom Stiefelternteil kaum als unmotivierte Inpflichtnahme für fremde Belange empfunden werden. Sie zeichnet zwar im wesentlichen nur allseits für selbstverständlich gehaltene und geübte Solidarität für die eigene soziale Familiengemeinschaft nach, unterschiede sich insoweit aber nicht von anderen Normen des Familienrechts. Deshalb sind auch die Wiederverheiratungschancen alleinstehender Mütter nicht ernsthaft betroffen, zumal das hier propagierte Stiefelternrecht nicht an eine Ehe anknüpft.[51] Hinzuweisen bleibt noch auf § 1606 III 2 BGB: Wer die Hausrolle übernimmt, erfüllt schon mit der Pflege und Erziehung der Kinder seine Unterhaltspflicht.[52]

3.4 Sonstige Beziehungen

Ein rechtlicher Ausbau der Stiefeltern-Kind-Beziehung hätte ohne weiteres die Erstreckung des allgemeinen Beistands- und Rücksichtsgebots (§ 1618a BGB) auf die Parteien dieser Beziehung zur Folge, einer Gesetzesänderung bedürfte es insoweit nicht.

Bedeutungslos bliebe § 1619 BGB[53]: Das minderjährige Kind kann schon kraft Sorgerechts zur Mithilfe im Haushalt angehalten werden[54], also auch vom mitsorgeberechtigten Stiefelternteil.

Bei volljährigen Kindern ist eine gesetzliche Dienstpflicht dem Stiefelternteil gegenüber nicht angebracht.

Hinsichtlich des *Kindesnamens* bedürfte es allerdings einiger Änderungen. Die Einbenennungsmöglichkeit des nichtehelichen Kindes (§ 1618 I 1 Alt. 1 BGB) beruht schon de lege lata auf einem verfehlten Konzept, § 1617 III und § 1618 BGB sind ersatzlos zu streichen.[55] Als Folge nähme das Kind einer bisher unverheirateten Mutter[56] auch an deren heiratsbedingtem Namenswechsel ohne weiteres teil (vorbehaltlich eigener Entscheidung gem. § 1617 II BGB).

Bei einem Kind aus früherer Ehe sollten die Änderungsverfahren nach §§ 1, 3 NÄG ausgeschlossen werden. Zum einen wird nach neuem Namensrecht das Leitbild familiärer Namenseinheit erheblich geschwächt sein.[57] Zum zweiten ist längst ein Weg aufgezeigt worden, wie den Interessen aller Beteiligten Rechnung getragen werden kann: Das Kind kann den neuen Ehenamen seines sorgeberechtigten Elternteils (und des Stiefelternteils) dem eigenen Geburtsnamen als Begleitnamen anfügen oder voranstellen und diesen später nach Volljährigkeit oder Scheidung von Elternteil und Stiefelternteil ohne weiteres wieder ablegen.[58]

3.5 Stiefkindadoption

Nach einer rechtlichen Erfassung des Stiefeltern-Kind-Verhältnisses in vorbezeichnetem Sinne besteht für eine Stiefkindadoption kaum noch ein Bedürfnis. Angesichts der negativen Erfahrungen mit dieser Adoptionsart liegt hierin ein weiteres Argument für die vorgeschlagene Reform. Dennoch sollte die Stiefkindadoption nicht gänzlich ausgeschlossen, sondern nur – in der Sprache des DJT 1992 – „drastisch eingeschränkt" werden. Auszuschließen ist die Adoption, wenn das Kind neben dem Partner des Stiefelternteils noch einen anderen rechtlichen Elternteil hat.[59] Insbesondere bei Halbwaisen oder nicht festgestellter Vaterbeziehung kann hingegen das vollwertige Einrücken des Stiefelternteils in die Elternstellung durchaus auch künftig noch wünschenswert sein. Für die Möglichkeit einer „schwachen" Adoption von Stiefkindern (die die Verwandtschaftsbeziehungen zur Herkunftsfamilie unberührt läßt)[60], besteht nach einer hier skizzierten Reform kein Bedarf mehr.

Anmerkungen

1. BVerfG FamRZ 1964, 416; FamRZ 1967, 559, 561; FamRZ 1985, 39; FamRZ 1989, 31 f.; BVerwG NJW 1974, 545, 547 f.; Schwab, Familienrecht (7. Aufl. 1993) Rz. 15

2. Vgl. OLG Karlsruhe FamRZ 1961, 371; bei einverständlicher Aufnahme in den gemeinsamen Haushalt wird diese Pflicht i.d.R. bejaht, vgl. Schwab aaO. Rz. 94. Zur vertraglichen Regelung Barth, DAVorm 1992, 277ff, 290; Dethloff, NJW 1992, 2200, 2202

3. Vgl. Staudinger/Coester § 1666 Rz. 96

4. Das Gesetz formuliert umgekehrt: Zuweisung an den leiblichen Elternteil, „es sei denn, daß dies dem Wohle des Kindes widerspricht." Aber auch in diesem Fall erhält der Stiefelternteil nicht das elterliche Sorgerecht, sondern wird zum Vormund ernannt. Beispielsfälle: BayObLG FamRZ 1988, 973, 974; OLG Karlsruhe, Justiz 1975, 29, 30. Kritisch zum geltenden Recht Barth, DAVorm 1992, 277ff., 219

5. Staudinger/Coester, § 1618 Rz. 22

6. OLG Nürnberg FamRZ 1960, 119 f. (Anm. Gernhuber)

7. OLG Nürnberg FamRZ 1965, 217; Gernhuber/Coester-Waltjen, Familienrecht (4. Aufl. 1993) § 4 II 5; Frank, Grenzen der Adoption (1978) 31 ff.

8. BGH NJW 1969, 2007 f.

9. Ein gesetzliches Erbrecht nach dem Stiefelternteil besteht nicht; immerhin aber sind Stiefkinder, wenn sie letztwillig bedacht werden, erbschaftssteuerrechtlich den leiblichen Abkömmlingen gleichgestellt (§ 15 ErbStG: Steuerklasse I)

10. Darstellung bei Staudinger/Coester § 1616 Rz. 62 ff. m.w.N.

11. Die Rechtsstellung des nichtehelichen Vaters ist in § 1747 II geregelt; zur Verfassungswidrigkeit dieser Bestimmung steht eine Entscheidung des BVerfG unmittelbar bevor.

12. Nachweise bei Schwenzer, Gutachten zum 59. DJT 1992, A 47

13. Sozialwissenschaftliche Nachweise bei Staudinger/Frank § 1741 Rz. 34

14. Niederlande = Art. 1: 228 I b BW; Frankreich = Art. 345-1 cc (i.d.F. v. 8.1.1993) (falls noch ein anderer Elternteil vorhanden ist)

15. Nach einem Schweizer „Vorentwurf für eine Reform des ZGB" von 1992 soll dies auch auf den nichtsorgeberechtigten leiblichen Elternteil ausgedehnt werden (Art. 298a), als Ersatz für das weiterhin ausgeschlossene gemeinsame Sorgerecht nach Scheidung

16. Schweiz: Hegnauer, FS Müller-Freienfels 1986, 271 ff.

17. Niederlande = Art. 1: 392 I c BW; Schweden = Elterngesetz 7. Kapitel § 5; für die USA vgl. die Nachw. bei Schwenzer, Gutachten aaO., A 47

18. Boehmer, FamRZ 1955, 125; ders., Die Rechtsstellung des Stiefkindes nach heutigem und künftigem Recht, 1941; Gernhuber, FamRZ 1955, 193

19. Conradi, FamRZ 1980, 103 ff.; Becker, RdJ 1975, 250 ff.; Frank, Grenzen der Adoption (1978)

20. Von der Weiden, Das Stiefkind im Unterhaltsrecht und dem Recht der elterlichen Sorge (1991); ders., FuR 1991, 249 ff.; auch der Deutsche Juristentag 1992 in Hannover hat sich mit der Frage befaßt, vgl. Schwenzer, Gutachten aaO.; auf die Beschlüsse wird im folgenden eingegangen

21. Oben 1.

22. Von der Weiden, FuR 1991, 249, 255 (für das Sorgerecht)

23. Dazu demnächst Coester, ZEuP 1993, Heft 3

24. BVerfG vom 17.11.1992, EzFamR Nr. 6 zu Art. 3 GG; erste Konsequenzen: BGH FamRZ 1993, 533, 535 (im Mietrecht)

25. So (als Regelverpflichtung) von der Weiden, FuR 1991, 249, 251

26. Vgl. die Nachw. bei Schwenzer, Gutachten aaO., A 80, sowie den Beschluß des DJT 1992, Verhandlungen Bd. II, M 262

27. Gernhuber/Coester-Waltjen aaO. § 4 II 5; Schwenzer, Gutachten A 80; auch der DJT-Beschluß aaO. spricht von „Teilhabe an der elterlichen Sorge"; Becker, RdJB 1975, 250, 252

28. Zur rechtsgeschäftlichen Übertragbarkeit der Sorgerechtsausübung vgl. Massfeller/Coester, Das gesamte Familienrecht § 1626 Rz. 11

29. Vgl. Conradi, FamRZ 1980, 103, 104; Dethloff, NJW 1992, 2200, 2202 f.

30. Eher skeptisch Frank, Grenzen der Adoption S. 47 ff.

31. Einen Entscheidungsvorrang bei zwei nebeneinander Sorgeberechtigten kennt das Gesetz in § 1673 II 3 BGB. Barth, DAVorm 1992, 277, 290 will das Sorgerecht beiden zuerkennen, die Vertretung des Kindes aber dem leiblichen Elternteil vorbehalten.

32. BVerfG NJW 1986, 1860

33. Limbach, Die gemeinsame elterliche Sorge in der Rechtspraxis, 1989, 43 ff.

34. Beispielhaft: Fthenakis, Archiv für die soziale Arbeit 1986, 174 ff.

35. Coester, Diskussion zum 59. DJT 1992, Verhandlungen Bd. II, M 119

36. Muß das FamG das gemeinsame Sorgerecht der Eltern in Alleinsorge umändern (vgl. BGH FamRZ 1993, 314; 941), hat es zwischen beiden Eltern frei abzuwägen. In diese Abwägung ist die Bedeutung der neuen Partner der Eltern für das Kind mit einzubeziehen (vgl. Staudinger/Coester § 1671 Rz. 95). Die Entscheidung für einen Elternteil enthält also die richterliche Wertung, daß die Plazierung beim anderen *einschließlich des Stiefeltern-Bezugs* unterlegen ist

37. Dies gilt nicht bei bloßen Besuchen im Rahmen des § 1634 BGB, wenn der Partner-Elternteil Alleinsorge hat

38. Dies entspricht der Einbeziehung des Stiefelternteils in den Familienbegriff des Art. 6 I GG durch das BVerfG (oben I.): Auch diese hat familiäre Gemeinschaft als Entstehungs- und Bestandsvoraussetzung

39. Staudinger/Coester § 1681 Rz. 10. Auch Willutzki hält das geltende Recht insoweit für angemessen, Referat 59. DJT 1992, M 51.

40. Zur Abwägung Staudinger/Coester § 1681 Rz. 11, 12

41. Verhandlungen Bd. II, M 262

42. So tendenziell auch Schwenzer, Gutachten A 82

43. Ebenso Schwenzer, Gutachten A 81 f. mit rechtsvergleichenden Nachw.; Dethloff, NLW 1992, 2200, 2203

44. Vgl. auch die unterschiedlichen Änderungsmaßstäbe von § 1696 Abs. I und Abs. II

45. Vgl. Staudinger/Coester § 1681 Rz. 12

46. Aus welchen Gründen auch immer: Krankheit, neuer Partner, berufliche Belastung

47. Tendenziell anders Schwenzer, Gutachten A 89 ff.; für eine uneingeschränkte Ausdehnung des Umgangsrechts nach § 1634 auch Dethloff, NJW 1992, 2202, 2203; Böhm ZRP 1992, 334, 336

48. Frank, Grenzen der Adoption S. 38 (nur für minderjährige Kinder); Schwenzer, Gutachten A 48 (bei Aufnahme des Stiefkindes in den Haushalt); von der Weiden, FuR 1991, 249, 252; Münch/Mutschler § 1590 RZ. 8; Dethloff, NJW 1992, 2200, 2204 (bei freiwilliger Übernahme des Sorgerechts); ähnl. Lüderitz, FamRZ 1981, 524, 525 (bei faktischer längerer Unterhaltsgewährung)

49. Verhandlungen Bd. II, M 259 (Ablehnung 78: 8: 4; so schon Referate Willutzki [M 43] und Diederichsen [M 73] sowie etliche Diskussionsredner, M 174 ff.)

50. Vgl. von der Weiden FuR 1991, 249, 251; vgl. auch den Rückgriffsausschluß gegenüber Großeltern im Rahmen der Sozialhilfe

51. Oben III. 1. b); im Ergebnis ebenso jetzt Schwenzer (Fn. 48); v.d. Weiden FuR 1991, 249, 253 will dem Problem dadurch begegnen, daß die gesetzliche Unterhaltspflicht abbedungen werden kann.

52. § 1606 III 2 BGB gilt – in korrigierender Auslegung – auch für den Hausmann

53. A. A. von der Weiden FuR 1991, 249, 255

54. Staudinger/Coester § 1619 Rz. 13, 20, 37

55. Näher Staudinger/Coester § 1617 Rz. 51; § 1618 Rz. 3; Coester, StAZ 1991, 287, 289 ff.; mit ganz anderer Tendenz noch Conradi, FamRZ 1980, 103, 105 (Ausweitung der Stiefkind-Einbenennung)

56. „Nichteheliche Kinder" wird es nach der anstehenden Reform (hoffentlich) nicht mehr geben

57. Vgl. die unsicheren Reaktionen der Gerichte auf die namensrechtlichen Änderungen, VGH BadenWürttemberg FamRZ 1992, 94 ff.; OVG Lüneburg StAZ 1992, 212 f.; OLG Schleswig FamRZ 1992, 346 ff.; OVG NordrheinWestfalen StAZ 1992, 313; vgl. Schwerdtner, NJW 1993, 302 ff.; Geisler, NJW 1992, 1215 f.

58. Enste, Die Namensänderung nach § 3 Abs. 1 NÄG unter besonderer Berücksichtigung der sog. Stiefkinderfälle, Diss. Münster 1983, S. 234 ff.; ders., ZBlJR 1983, 396; Staudinger/Coester § 1616, Rz. 73; Schwenzer, Gutachten A 62; Frauenstein, StAZ 1984, 289; nur für die Möglichkeit eines Gebrauchsnamens plädiert Diederichsen, Referat 59. DJT 1992, M 78 f.

59. So das neue französische Recht, oben Fn. 14

60. Dafür Engler, FamRZ 1975, 125, 126f.; Bosch, FamRZ 1984, 829, 839; vgl. auch Stöcker, FamRZ 1974, 568, 570f.; rechtsvergleichende Nachweise bei Schwenzer, Gutachten A 98

Probleme von Zweitfamilien in der familientherapeutischen Praxis

von
GÜNTER REICH

1. Vorbemerkung

Dieser Beitrag ist aus der Perspektive des klinisch tätigen psychoanalytischen Familientherapeuten geschrieben. Ich sehe in meiner Arbeit die Zweitfamilien, in denen es Probleme und Konflikte gibt, nicht diejenigen, denen die Bewältigung von Veränderung und der strukturell bedingten Komplikationen gelingt, oder diejenigen, bei denen dies nicht gelingt, die aber aus anderen Gründen Beratung oder Therapie vermeiden. Ich möchte typische Konfliktkonstellationen beschreiben, die ich in der Praxis immer wieder fand, zugleich mögliche familientherapeutische Schritte zu deren Bearbeitung zeigen.

Zweitfamilien entstehen durch zwei Vorgänge: die Veränderung mindestens einer Familieneinheit durch Scheidung oder den Tod eines Elternteils und das Eingehen einer neuen auf Dauer angelegten Partnerschaft durch einen Elternteil, bei dem die Kinder verblieben sind. Dies klingt zunächst banal.

Hiermit ist allerdings bereits zweierlei angesprochen, die *Frage des Überganges* von der einen Familienform, der ersten Familie, in die zweite – aus welchem Grunde und wie vollzieht er sich? – und die *Frage der Struktur* der neu gebildeten Familie. In beiden Bereichen entwicklen sich Probleme, die Beratung oder Therapie notwendig machen können.

2. Der Übergang zur Zweitfamilie

Friedl (1988) unterscheidet formal drei Phasen der Entwicklung zur Zweitfamilie, die unterschiedliche Zeit in Anspruch nehmen können: die Phase des *Abschiedes* von der „alten Familie", die

Phase der „*Ein-Eltern-Familie*" und die Phase der „*Stieffamilienbildung*".

Diese Phasen können je nach der spezifischen Dynamik unterschiedliche Zeit in Anspruch nehmen. Die *Trauer* kann unterschiedlich lang und intensiv sein. Der seelisch nicht vollzogene Abschied, die nicht abgeschlossene Trauer um die „alten" Beziehungen kann die Entwicklung der neuen Familieneinheit stark beeinträchtigen. Probleme in der Zweitfamilie sind daher oft nur zu verstehen, wenn wir uns über die Probleme, die Beziehungsmuster und Beziehungserfahrungen in der ersten Ehe und deren Auflösung Klarheit verschaffen.

Zudem kann die *Zeitdauer* zwischen der Auflösung der „alten Familie" und der Bildung der „neuen" einen erheblichen Einfluß auf die Prozesse in der Zweitfamilie haben. Die Zweitfamilie kann sich „zu früh" bilden, wenn der Abschied aus der alten Familieneinheit noch nicht ausreichend vollzogen ist. Dauert die Phase „zu lange", kann sich u. U. eine neue funktionierende Familieneinheit mit festen Rollenzuordnungen und Aufgaben herausbilden, in denen eine neue Partnerin/ein neuer Partner des Elternteils gar keinen „Platz" findet, weil vielleicht ein Kind durch ihn aus seiner Funktion verdrängt wird, etwa die ältere Tochter aus der Position der „Hausfrau", die das Familienleben gemeinsam mit dem Vater „managt", oder der Sohn aus der Postion als „Mann im Hause". Bei diesen Konflikten werden unterschwellig dann alle ödipalen Verwicklungen virulent, die eine solche „Paarbildung über die Generationen" mit sich bringen kann. Der mit dem Kind zusammenlebende Elternteil kann hier in Loyalitätskonflikte kommen.

Es ist auch im Einzelfall schwer zu sagen, welche Übergangszeit die „*richtige*" ist; denn die zum Abschied und zur Neuorientierung benötigte Zeit ist für die verschiedenen Familienmitglieder oft sehr unterschiedlich. Sie hängt auch vom Alter der Betreffenden ab. Kleinkinder z. B. benötigen oder wünschen evetuell früher eine „neue Mutter" oder einen „neuen Vater" als Adoleszente.

Außerdem hängt dieser Prozeß sehr stark davon ab, ob die Veränderung der alten Familieneinheit durch Scheidung bzw. Trennung oder durch den Tod eines Elternteils erfolgte. Hier bestehen m. E. gravierende Unterschiede in den Verarbeitungsprozessen und Lösungen, deren bisweilen in der Literatur vorgenommene Gleichsetzung äußerst problematisch ist (vgl. hierzu Reich 1991b; Reich und Bauers 1988). Diese für die Praxis äußerst relevanten Unterschiede sollen nun skizziert werden.

3. Unterschiedliche familiendynamische Prozesse bei Scheidung und Verwitwung

Scheidung ist ein sogenanntes „nicht-normatives Lebensereignis". Für sie hat sich noch keine *normative* Regulierung, haben sich bisher keine Rituale herausgebildet. Es ist auch trotz der zunehmenden „normativen Verfügbarkeit" von Scheidung als eines Lösungsweges für interpersonelle Konflikte fraglich, ob dies zu erwarten ist, da es in unserer Zeit der „Individualisierung" schwierig geworden ist, kollektive Rituale herauszubilden. Der Status von „Geschiedenen" ist ebenfalls *wenig definiert*, am wenigsten der des (oder der) Umgangsberechtigten, deren Rolle im veränderten Familiengefüge der Nachscheidungsphase kaum beschrieben und in der Praxis sehr variabel ist (vgl. hierzu auch das Fallbeispiel 2).

Demgegenüber hat es im Falle der Verwitwung lange Zeit Rituale und feste Rollenzuweisungen gegeben. Der Umgang mit dem Tod ist allerdings sozial zunehmend weniger stark eingebettet und reguliert. Die charakteristischen Rollenmerkmale des Witwen- bzw. Witwerstatus haben sich in unserer formenarmen Zeit „verflüchtigt", die Trauerzeit ist individualisiert. Trauer wird nach außen nicht mehr so deutlich gezeigt, z. B. in der Kleidung, wie noch vor zwei oder drei Jahrzehnten. Dennoch scheint es hier doch noch mehr positiv definierte soziale Rollenvorschriften und auch Klischees zu geben als im Falle der Scheidung.

Die *Scheidung* oder Trennung ist von mindestens einem der Partner angestrebt, *gewollt*. Sie ist oft von heftigen Konflikten in allen Scheidungsphasen – der Ambivalenzphase, der Scheidungsphase und der Nachscheidungsphase – begleitet (vgl. hierzu

Reich 1991b ; Massing, Reich, Sperling 1992). Trauer um den Verlust der „alten Familienbeziehung" ist auch hier für beide Elternteile, auch für den, der die Scheidung wollte, zur Verarbeitung und zum Neubeginn notwendig, kann aber oft wegen der weiter schwelenden oder offenen Agression nicht durchlebt werden (vgl. Reich 1991b).

Der *Tod* eines Partners wird in der Regel als *„Schicksalsschlag"* erlebt. Natürlich kann er in hochgradig ambivalenten oder konfliktreichen Beziehungen auch gewünscht sein, zumindest unbewußt. In solchen Fällen ist wegen der Ambivalenz, der nicht integrierten Aggression, eine Trauer erschwert oder unmöglich. Es kommt dann zu Symptombildungen oder neuen konflikthaften Beziehungsarrangements, in denen sich auch die hier zu erwartenden unbewußten Schuldgefühle ausdrücken können (vgl. hierzu die m. E. immer noch wegweisende Arbeit von Freud, „Trauer und Melancholie", 1915). Ich werde im weiteren Verlauf ein Beispiel aus einer Familienbehandlung geben, in dem die Ambivalenz eine starke Rolle spielte (vgl. Fallbeispiel 1).

Im Falle der Trennung oder Scheidung lebt zudem der Partner oder Elternteil als Realperson weiter, die Person wird nicht verloren sondern *eine bestimmte Form der Beziehung zu ihr.* Insbesondere bei den Kindern kann hierdurch die Vorstellung Nahrung erhalten, daß eine Revision der Trennung eben doch noch möglich ist. Die bei Kindern aus Scheidungsfamilien immer vorhandenen Wiedervereinigungsphantasien können bei Konflikten in der Zweitfamilie sehr stark reaktiviert werden und dortige Konflikte verschärfen.

Für die ehemaligen Partner bedeutet Scheidung in der Regel, daß sie mit dem anderen weiterhin zu tun haben, über den Umgang mit den Kindern, über Unterhaltszahlungen etc. So können sie oft noch ein Leben lang in die Verhältnisse des anderen Einblick nehmen.

Kinder können *zudem um verstorbene Elternteile* oft *ungestörter* trauern als bei einer Scheidung. Hier kann sich in konflikthaften Konstellationen der sorgeberechtigte Elternteil durch die Trauer des Kindes um den ehemaligen Partner gestört fühlen; das Kind kann die Trauer als einen Loyalitätskonflikt erleben, insbesondere dann, wenn es um den Elternteil trauert, der den anderen verlassen hat, diesem Schmerz und Schwierigkeiten bereitet.

Verstorbene können von den verwitweten Partnern, insbesonder aber von den Kindern stark *idealisiert* werden. Die Idealisierung kann nicht durch reale Erfahrungen im weiteren Umgang „abgearbeitet" und korrigiert werden wie im Falle der Scheidung. Zudem scheinen aggressive Gefühle gegenüber Verstorbenen weniger leicht zuzulassen zu sein als gegenüber geschiedenen Elternteilen. „Über Tote spricht man nicht schlecht."

Die Idealisierung kann die Bildung einer Zweitfamilie erschweren. Der neue Partner wird u. U. emotional nicht in das Ehebett und von den Kindern nicht in das Familiengefüge „hineingelassen". Das Verhältnis zueinander kann in wesentlichen emotionalen Bereichen spürbar distanziert bleiben. Es entwickelt sich u. U. keine neue „familiäre Intimität" bzw. „Familiariät". Dem verstorbenen Partner oder Elternteil wird über deren bzw. dessen Tod hinaus die „Treue" gehalten. Auch dies kann ebenso wie die Idealisierung der Abwehr von Ambivalenz, Aggressivität und damit von Schuldgefühlen, die unweigerlich folgen, dienen.

Zudem fühlen sich Kinder ihren verstorbenen Elternteilen, insbesondere verstorbenen Müttern gegenüber, oft zu stärkerer *Loyalität* verpflichtet, als weggeschiedenen Elternteilen gegenüber. Nicht nur, weil Scheidung ein aktiver Schritt ist, sondern auch, weil die/der Geschiedene sich bei Konflikten eher selbst wehren kann.

Es ist bei dem Tod eines Elternteils für Kinder in der Regel auch leichter, sich mit diesem zu identifizieren. Der verstorbene Elternteil steht nicht in Konflikt mit dem Elternteil, mit dem man weiterhin zusammenlebt. Er wird von diesem in der Regel nicht abgewertet. Bei der Scheidung, insbesondere bei Nachscheidungskonflikten ist dies anders. Mit der Abwertung eines Partners durch den anderen wird natürlich immer auch ein Teil des Kindes abgewertet oder bekämpft, eben der Teil der Identität des Kindes, in dem es sich dem jeweils anderen zugehörig oder wesensverwandt fühlt. Dies kann das Aussehen, seelische oder geistige Merkmale betreffen, in der Regel sind es alle drei Aspekte der Person des Kindes. Loyalitätskonflikte und Identitätskonflikte gehen hier in der Regel Hand in Hand. Wenn das Kind einem Elternteil gegenüber wegen der Konflikte der Eltern nicht loyal sein kann, kann es auch dem entsprechenden Teil in seiner Person gegenüber, und damit einem Teil seiner Identität, nicht loyal sein (vgl. Reich 1988; Reich 1991b).

Aufgrund dieser Befunde ist verständlich, daß sich der Vaterverlust durch Scheidung auf die psychosoziale Entwicklung von Kindern, insbesondere von Jungen belastender auswirkt als der Vaterverlust durch Tod, die im Falle der Scheidung z. B. traditionell „männliche" Eigenschaften wie Aggressivität und Durchsetzungsvermögen schlechter balancieren können als bei dem Tod des Vaters (vgl. Reich 1991b; Massing, Reich, Sperling 1992).

Im Fall der Scheidung gibt es zudem immer einen Umgangsberechtigten oder eben den „weggeschiedenen" Elternteil, der als *Interaktionpartner* oder sogar als Konfliktpartner für die Zweitfamilie zur Verfügung steht, der zudem selbst mit der Zweitfamilie oder mit Teilen der Zweitfamilie direkt interagieren und Konflikte durchfechten kann (vgl. hierzu Fallbeispiel 2 u. 3). Spannungen aus der Zweitfamilie können auf den außenstehenden Elternteil der Kinder verschoben werden. Dieser selbst kann zudem eigene Lebensprobleme in der Interaktion mit der Zweitfamilie abhandeln. Dies ist beim Tod eines Elternteiles nicht möglich. Die neue Partnerin/der neue Partner kann zudem, wenn sie die „bessere Mutter" bzw. er der „bessere Vater" (Maier-Aichen und Friedel 1992) sein will, mit dem Umgangsberechtigten oder „weggeschiedenen" Elternteil leichter konkurrieren als mit der/dem Verstorbenen. Sie/er kann überhaupt in eine überprüfbare Beziehung zu ersterer bzw. ersterem treten. Bei Konflikten in einer Zweitfamilie nach Verwitwung kann sie/er gleichsam in den „Kampf mit einem Phantom" verstrickt werden.

Mit diesen Ausführungen dürften die durch Scheidung und Verwitwung bedingten jeweils unterschiedlichen familiendynamischen Prozesse in Zweitfamilien und die hiermit verbundenen unterschiedlichen Konfliktmöglichkeiten hinreichend deutlich geworden sein.

4. Typologien und Strukturmerkmale von Zweitfamilien

In der Literatur werden verschiedene Typologien für Zweitfamilien vorgeschlagen. Sager et al. (1983) unterschieden 24 Typen und Konstellationen nach Geschlechtszugehörigkeit, Sorgerecht, früherem Familienstand und Zahl der Kinder. Hierbei sind die verschiedenen Formen nichtehelicher Lebensgemeinschaften noch nicht erfaßt. Für den Praktiker ist dieses System etwas unhandlich.

Krähenbühl et al. (1987) beschrieben demgegenüber vier Stieffamilientypen: Die Stiefmutterfamilie, die Stiefvaterfamilie, die zusammengesetzte Familie und die Familie mit gemeinsamem Kind (gemeinsamen Kindern). Aus diesen vier Grundtypen lassen sich weitere Muster zusammensetzen, z. B. die „zusammengesetzte Stieffamilie mit gemeinsamem Kind".

Visher und Visher (1979) nennen in *struktureller Hinsicht* folgende Unterschiede der Zweitfamilie zur „Normalfamilie":

– „in Stieffamilien lebt mindestens eine für die Kinder wichtige Beziehungsperson, der leibliche Elternteil (bei zusammengestezten Familien zwei leibliche Elternteile) *nicht in der Familiengemeinschaft*. Dies gilt nicht nur für Scheidungsfamilien. Auch ein verstorbener Elternteil bzw. Partner bleibt in der Familie psychisch und in den stattfindenden Transaktionen präsent;

– alle bzw. fast alle Mitglieder haben den *Verlust einer wichtigen Bezugsperson* (bzw. vertrauten Beziehungsform) erlitten, was ihre gegenwärtigen Gefühle und ihr Selbstverständnis wesentlich mitbestimmt;

– es bestand *schon vor der Heirat* eine Beziehung zwischen einem Erwachsenen (Elternteil) und mindestens einem Kind; der Stiefelternteil (und u. U. dessen leibliche Kinder) müssen in einer bereits bestehenden Gruppe mit relativ festen Beziehungsmustern und Regeln Platz finden bzw. zwei Teilfamilien müssen zusammenwachsen, einen neuen Beziehungsmodus finden;

– die Kinder sind *Mitglieder von mehr als einer Familiengemeinschaft,* ihrer ersten und der Stieffamilie, betrachten sich eventuell auch als Mitglied der vom nicht mehr in der Haushaltsgemeinschaft lebenden Elternteil neu gegründeten Familie;

– ein Erwachsener hat *keine elterlichen Rechte* gegenüber einem oder mehreren Kindern, obwohl er – äußerlich betrachtet – dem Elternsubsystem angehört." (Reich 1990, S. 37)

Durch diese Merkmale werden die Beziehungen in Zweitfamilien ungleich komplexer als die in „Normalfamilien". Hiermit wachsen die kognitiven und emotionalen Anforderungen an die Beziehungsregulierung durch die einzelnen Familienmitglieder. Dies kann zu erheblichen Spannungen führen, zumal dann, wenn der „Regulierungsbedarf" unterschätzt wird. Dies ist häufig dadurch der Fall, daß Zweitfamilien an sich den Anspruch haben, „wie eine ganz normale Familie zu funktionieren" (vgl. auch Visher und Visher 1979). Dies kann z. B. geschehen, wenn in geschiedenen Familien wegen der Ferien und anderer Aktivitäten Rücksicht auf die Planungen des Umgangsberechtigten, im Falle der Verwitwung auf die Eltern des verstorbenen Partners, die Großeltern der Kinder, oder auf Verwandte, Kinder und ehemalige Partner des Stiefelternteils Rücksicht genommen werden muß. Mit der Erhöhung der Komplexität wachsen auch die Möglichkeiten, Konflikte, die in einem Subsytem auftreten, in ein anderes zu verschieben, z. B. Konflikte in der neuen Kernfamilie auf den Umgangsberechtigten und umgekehrt (vgl. hierzu Fallbeispiel 2).

5. Meilensteine, Bremsklötze oder Zeitbomben – das Zusammenführen verschiedener familiärer Kulturen, z. B. bei Familienfesten

Im gegenwärtigen Familienleben der Zweitfamilie ist die Vergangenheit in der Regel stets lebendig. Unter bzw. neben dem neuen

Familiensystem besteht das alte – in veränderter Form – fort. Die Beziehungen zu den ehemaligen Schwiegereltern sind von den geschiedenen Eltern neu zu definieren, gleichzeitig bleiben diese Großeltern für die Kinder. Neue Schwiegereltern kommen hinzu, neue „Großeltern" für die Kinder, neue Schwägerinnen und Schwäger, für die Kinder neue Onkel und Tanten, wobei für letztere die „alten" Tanten und Onkel, Cousins und Cousinen ebensolche bleiben. So gewinnt die *historische Familienperspektive* eine besondere Bedeutung. „In der Zweitfamilie begegnen sich mindestens drei Familienstammbäume und drei familiäre ‚Kulturen', drei Lebensstile" (Reich 1990, S.37). Die Geschichte mindestens dreier Ursprungsfamilie kommt zusammen. Sie zu einem gemeinsamen Stil zu vereinheitlichen ist eine schwierige Aufgabe, da die Kernfamilie ja nicht am Anfang ihrer Geschichte als Kernfamilie steht, sondern zumindest ein Teil der Familie schon in einer anderen Konstellation zusammengelebt hat. Rituale und Traditionen in der Zweitfamilie müssen sich erst herausbilden. Hier ergeben sich u. U. Konflikte mit den *„Meilensteinen" des Familienlebens*, den Festen, Jubiläen etc. Sind diese in „Normalfamilien" eher einheits- und gemeinsamkeitsstiftend, tragen zur familiären Kontaktbildung und zur familiären Mythenbildung bei, sind über die erzählten Geschichten und Ereignisse aus dem Familienleben identitätbildend und fördern die familienhistorische Verwurzelung, so sind sie in Zweitfamilien schon aus den genannten strukturellen Gründen konfliktträchtig, beginnend mit der Frage: Wer wird wozu eingeladen? Statt kohäsionsfördernd wirken sich diese „Meilensteine" eher kohäsionslockernd aus (vgl. Sager et al. 1983).

Fallbeispiel 1:
Das unauflösbare Wohnzimmer – Konflikte im Übergang zur Zweitfamilie

Herr A. meldet sich mit seinen drei Kindern und seiner derzeitigen Partnerin, Frau B., zur Familientherapie. Er ist 43 Jahre alt, selbständiger Archtitekt. Die Kinder – Holger, 16, Monika, 14 und Rolf, 11 Jahre alt, sind Schüler. Frau A. ist vor knapp 2 Jahren an

*einer bösartigen Tumorerkrankung verstorben. Sie war von Beruf
Dolmetscherin, seit der Geburt von Holger allerdings Hausfrau.
Mit Frau B., Lehrerin, 44 Jahre alt, ist Herr A. seit einem Jahr
befreundet. Beide möchten zusammenziehen. Es gibt allerdings
Konflikte mit den Kindern, insbesondere mit Monika und Holger,
die sich zunehmend weniger an Verabredungen und Regeln halten, wenn Frau B. anwesend ist. Hierüber kommt es oft zu
Streitereien. Zudem haben sich die Schulleistungen von Holger im
letzten Jahr dramatisch verschlechtert.*

*Nach einem ersten Gespräch mit allen Beteiligten gemeinsam, in
dem wir das Beziehungssystem kennenlernten, finden zwei Gespräche mit Herrn A. und den Kindern statt.*

*Der elfjährige Rolf bemerkt irgendwann kritisch, daß Frau B.,
Bettina, im Flur des Hauses einen neuen Vorhang angebracht hat.
„Das ist nicht unser Geschmack. Wir mögen Blümchen-Muster
nicht und auch keine Trockenblumenkränze.” Monika und Holger
pflichten bei.*

*Die Therapeutin: „Euch gefällt es nicht, aber vielleicht gefällt es
eurem Vater. Vielleicht drückt sich darin ja etwas aus, was er in
der letzten Zeit vermißt hat.”*

*Monika: „Das glaube ich nicht. Meinem Vater ist es egal. Hauptsa-
che da hängt überhaupt ein Vorhang.”*

*Herr A.: „Ganz so ist es nicht. Ich finde ihn ganz schön. Aber wir
haben da noch ein Problem. Wenn Bettina einzieht, möchte sie
auch das Wohnzimmer etwas verändern. Dort neue Bilder aufhän-
gen z. B...”*

*Holger: „Bloß nicht. Das Wohnzimmer ist so in Ordnung. Da wollen
wir nichts verändert haben.”*

Therapeut: „Wie sieht denn das Wohnzimmer aus?”

*Monika: „Schön. Sehr modern. Meine Mutter hatte einen guten
Geschmack. Sie hat es erst vor drei Jahren eingerichtet. Es hat
sehr lange gedauert, bis alles da war. Einige finden es etwas kühl.
Aber wir finden es gut.”*

Vater und Kinder beschreiben dann ein modernes, im Bauhaus-Stil von einem Innenarchitekten eingerichtetes, teures Zimmer, in dem alles durchgeplant an seinem Platz steht. Die Mutter hatte bis kurz vor ihrem Tode sehr viel Energie darauf verwendet, es einzurichten.

Herr A: „Es ist tatsächlich sehr gut geplant. Meine verstorbene Frau hatte da eine sehr glückliche Hand. Sie hatte es sich lange gewünscht, zumal wir am Anfang wenig Geld hatten, uns so etwas nicht leisten konnten. Es paßt nur schwer etwas anderes hinein. Es wäre auch sehr schade es aufzulösen, z. B. wenn wir umziehen sollten." Die Therapeuten vebreitern nun zunächst dieses Thema des Geschmackes, bevor sie es vertiefen und damit erarbeiten, was mit der Frage des Wohnzimmers verknüpft ist. Therapeut: „Wie sich jemand einrichtet, drückt ja auch immer etwas von seinem Wesen aus, wie er sich wohfühlt. Ich würde zunächst einmal gern wissen, wie Ihr und Sie sich eingerichtet haben, womit Ihr und auch Sie, Herr A., Euch wohfühlt.

Die Kinder und Herr A. beschreiben nun die gesamte Wohnung.

Hierdurch wird der bisherige *Lebensstil* von Familie A. deutlich. Wir halten Fragen des Lebensstils in unserem familientherapeutischen Modell nicht für eine Nebensache, sondern für einen zentralen Punkt im Leben von Familien (vgl. hierzu Massing, Reich, Sperling 1992). Ob ein Zusammenleben als Paar und Familie und damit auch ein Familiengefühl (Cierpka 1992) zustandekommen, hängt wesentlich davon ab, ob die Lebensstile und Wertvorstellungen der Ursprungsfamilien der Partner zu einem gemeinsamen neuen Stil „amalgamiert" werden können (Sperling 1979). Der Lebensstil wird in gewisser Weise libidinös besetzt, er gibt Sicherheit, das Gefühl der Vertrautheit und Geborgenheit. Hierzu gehören auch die Möbel. Man denke nur an die erbitterten Streitigkeiten um bestimmte Möbelstücke in Familien, wenn Eltern gestorben sind. Hiermit verbinden sich Erinnerungen, Beziehungen und Loyalitätsbindungen. Der englische Psychoanalytiker und Paartherapeut Henry V. Dicks, dem wir das m. E. bislang beste Buch über Paarbeziehungen, sein 1967 erschienenes Werk „Marital Tensions" („Eheliche Spannungen") verdanken, in dem er u. a. das später von Willi übernommene und im deutschen Sprachraum bekannt gemachte Kollusionskonzept entwickelt hat, rechnet diesen Bereich zum „zentralen Ich" eines Individuums. Er unterscheidet in jeder Ehebeziehung drei miteinander in dynamischer Beziehung stehende Subsysteme (vgl. auch Reich 1991a):

1. Das Subsystem der soziokulturellen Werte und Normen.

2. Das Subsystem des „zentralen Ich", das die bewußten Erwartungen der Partner aneinander, ihre persönlichen Normen, Urteile, Gewohnheiten und ihren Geschmack mit einschließt, die aus den Beziehungen und dem sozialen Lernen vor der Ehe (das zum guten Teil in den Ursprungsfamilien stattfindet) resultieren.

3. Das Subsystem der unbewußten „Transaktionen" zwischen den Partnern, in denen die verinnerlichten frühkindlichen Beziehungen wirksam werden. Ehen bleiben stabil, solange in zwei der drei Subsysteme die Befriedigung die Enttäuschung überwiegt.

Dieses Modell läßt sich gut auf Familienbeziehungen übertragen.

In diesem Bereich des zentralen Ichs hatte die verstorbene Mutter insbesondere den Kindern ein Vermächtnis hinterlassen, eine Orientierung in der Identitätsdiffusion der Adoleszenz, die bei den beiden älteren eine große Rolle spielte. Daher machte sich die Treue zur Mutter an den „Geschmacksfragen" fest. Weitere Faktoren kamen hier hinzu. Die Kinder kritisieren, daß sie seit dem Tod der Mutter nie längere Zeit allein mit dem Vater waren, z. B. nie allein Urlaub mit ihm gemacht haben. Der Vater begründet dies mit seinen vielen beruflichen Verpflichtungen, die ihn dazu nötigten, häufiger auf die Unterstützung von Freunden und Verwandten zurückzugreifen.

Die Familie hat die Phase der „Eineltern-Familie" praktisch kaum durchlebt. Insbesondere kam durch die Hektik *keine gemeinsame Trauer* um die fehlende Mutter auf, mit deren Durchleben sich ein *neues „Wir-Gefühl"* der Familie hätte konstituieren können.

Zudem werfen die Kinder dem Vater vor, sie und die Mutter im letzten Jahr vor dem Tode zu oft alleingelassen zu haben – ein weiterer Grund für das Festhalten am Vermächtnis „Geschmack".

Dies führt zu zwei Einzelgesprächen mit dem Vater, in denen die vergangene Ehebeziehung betrachtet wird. Hier gab es nach den in großer Zuneigung verlaufenen ersten Ehejahren, in denen sich beide sehr um Abgrenzung von den jeweiligen Ursprungsfamilien bemühten, mit der Geburt der Kinder zunehmend Konflikte. Wie so häufig erwachten dann mit dem „Familie-Werden" auch die Loyalitäten zu den von den Ursprungsfamilien geprägten Familienbildern. Diese bezogen sich, wie so oft, auf Erziehungsfragen, in denen sich Stilunterschiede manifestierten. Frau A. war Tochter eines gutsituierten Bankangestellten. Ihre Familie konnte und mußte sich kulturelle Interessen leisten. Herr A. hatte sich aus einer Maurerfamilie hochgearbeitet. Ihm waren diese Dinge weniger wichtig. Dafür mußte er die Abwertung seiner Frau spüren. Frau A. war enttäuscht von ihrem Mann, der weniger fürsorglich war, als sie erhofft hatte, sie auch weniger als erwartet bei der Versorgung der Kinder unterstützte, sehr viel arbeitete, mit der unterschwelligen Angst, das von ihm Erreichte wieder verlieren zu können. In den Konflikten standen die Kinder eher auf Seiten der verstorbenen Frau. Deren Krebserkrankung führte zu einer Verstärkung der Vorwürfe, vor denen Herr A. gerade flüchtete. Die unbearbeitete Ambivalenz seiner Frau gegenüber verhinderte, daß er sich mit deren Tod auseinandersetzte. Stattdessen stürzte er sich in Aktivität.

Zwei weitere Sitzungen galten der Beziehung von Herrn A. zu Frau B. Diese hatte eine aus ihrer Familiengeschichte, die hier nicht näher ausgeführt werden kann, resultierende hochgradige Ambivalenz zwischen dem traditionellen Hausfrauen- und Mutterbild und dem Wunsch nach eigenständiger beruflicher Entwicklung, den sie zugunsten letzterer löste. Nachdem sie eine gewisse Karriere gemacht hatte, trat nun das Gefühl auf, daß etwas „fehlte", eine familiäre Bindung. Diese ungestillte Sehnsucht ließ für sie nicht nur Herrn A. als Person sondern ihn und seine Kinder für sie attraktiv erscheinen. Sie war sehr traurig festzustellen, daß hier der Platz der Mutter nicht so konfliktfrei zu besetzen war, wie sie es sich ideal vorstellte.

Die folgenden familientherapeutischen Schritte sehen so aus:

Der Vater macht mit den Kindern zwei Urlaube allein. Einmal an dem Ort, an dem die Familie oft gemeinsam gewesen war, einmal woanders:

Herr A. und Frau B. entschließen sich, die Frage des Zusammenziehens in einem Jahr noch einmal zu überlegen. Dies entspannt die Situation sehr. Der Druck weicht und damit das Gegensteuern der Kinder gegen die Beziehung überhaupt. Das Paar zieht zweieinhalb Jahre später mit Rolf und Monika in ein neues Haus, nachdem Holger mit Beginn seines Studium ausgezogen ist.

Fallbeispiel 2:
Vom Umgang mit dem Umgang –
ein Nachscheidungskonflikt bricht wieder auf

Der 10-jährige Rainer leidet seit ca. 4 Monaten wieder an Asthma-Anfällen. Er läßt häufig seinen Schulranzen auf dem Nachhause-weg liegen, so daß die Mutter oder der Stiefvater diesen suchen gehen müssen. Während des Unterrichts fällt er dadurch auf, daß er plötzlich zu singen beginnt oder Briefe an seinen leiblichen Vater schreibt. Nachmittags beim Spielen vergißt er oft die Zeit, kommt zu spät nach Hause. Seine 12-jährige Schwester Irene hat Ein- und Durchschlafstörungen, leidet unter Angstträumen, hat sich in ihren Schulleistungen erheblich verschlechtert und stiehlt manchmal Geld aus dem Portemonnaie der Mutter. Diese, 35 Jahre alt, pharmazeutisch-technische Assistentin, ist seit einem Jahr wiederverheiratet, z. Z. Hausfrau. Vor vier Jahren zog sie gemeinsam mit ihren beiden Kindern aus dem mit ihrem ersten Mann, einem selbständigen Malermeister, gebauten Haus aus. Die Ehe ist seit zwei Jahren geschieden. Vor drei Jahren lernte sie Herrn D., 38 Jahre alt, Tischlermeister, kennen, den sie nach dessen Scheidung vor einem Jahr heiratete. In eine gemeinsame Wohnung waren sie schon vorher gezogen. Die beiden Söhne von Herrn D. leben bei seiner geschiedenen Frau. Sie kommen jedes vierte Wochenende. Das neue Paar möchte ein gemeinsames Kind. Frau D. ist mittlerweile im 7. Monat schwanger.

Seit einigen Monaten gibt es vermehrt Streit mit dem leiblichen Vater von Irene und Rainer. Dieser arbeite, unterstützt von seinen Eltern, den Großeltern der Kinder, die mittlerweile in eine Einliegerwohnung in dem ursprünglich gemeinsamen Haus des geschiedenen Paares eingezogen sind, gegen die neue Familie. Die Großeltern verwöhnen die Kinder, geben ihnen zuviel Taschengeld, lassen sie zu lange fernsehen. Der umgangsberechtigte Vater sei auch schon in der Schule aufgetaucht, um mit den Lehrern über Rainers Probleme zu reden. Zudem kritisiere der leibliche Vater Herrn D. vor den Kindern.

All dies berichten die Eltern in unserem ersten Gespräch, zu dem wir Irene, Rainer und sie eingeladen hatten. Hinzuzufügen ist noch, daß Frau D. sich bereits bemüht hatte, die Besuchszeiten der Kinder beim Vater zu reduzieren. Eine gerichtliche Neuregelung, zu der auch ein Fachgutachten eingeholt worden war, (zweiwöchentlich zwei Tage am Wochenende und mehrere Wochen in den Ferien), geht Frau und Herrn D. allerdings nicht weit genug. Als Erwartung formulieren sie, daß wir den leiblichen Vater und eventuell auch dessen Eltern zu einem gemeinsamen Gespräch mit ihnen zusammenholen könnten. Dabei haben wir allerdings den Eindruck, daß es nicht so sehr um Klärung geht, sondern darum, uns als Verbündete zu einer Parteinahme gegen den leiblichen Vater zu gewinnen – eine Erwartung, die manchmal offen, noch häufiger verdeckt an Gespräche geknüpft wird.

Während des ersten Gespräches mit der ganzen Familie herrscht eine bedrückte, dabei untergründig angespannte Stimmung. Die Eltern sprechen gedämpft, leise, sind kaum zu verstehen. Die Kinder sprechen, wenn überhaupt, nur auf Aufforderung, wobei Rainers stereotype Antwort auf meine Fragen „weiß nicht" ist. Als dann gegen Ende der Sitzung Irene auf meine Frage hin recht deutlich sagt, daß sie sich bei ihrem Vater und den Großeltern sehr wohl fühle, daß sie gegen eine Einschränkung der Besuchszeit sei, und Rainer sich dem durch Nicken anschließt, widerspricht Herr D.: Sein Eindruck sei, die Kinder würden hier die Position des Vaters wiedergeben. Wir teilen diese Wahrnehmung nicht, sagen dies auch, was Herrn D. offensichtlich etwas kränkt.

Anscheinend ist das Ehepaar im Moment nicht bereit bzw. in der Lage, diesen Wunsch der Kinder wahrzunehmen. Ebensowenig scheint ihnen klar zu sein, daß nicht nur der umgangsberechtigte Vater sondern auch sie einen starken Loyalitätsdruck auf die beiden ausüben, obwohl deren Signale eindeutig sind. Auch das Schweigen der Kinder deuten wir für uns als Ausdruck ihrer Loyalitätskonflikte. War doch recht offensichtlich, daß die Eltern Familientherapie als Verstärkung gegen den Vater wollten. Mitmachen hier hätte so auch bedeutet, Mutter und Stiefvater u. U. „Munition" gegen den leiblichen Vater zu liefern oder umgkehrt gegen Mutter und Stiefvater Stellung zu nehmen.

Nun finden wir es in der Regel sehr sinvoll, die zerstrittenen Parteien in solchen Konflikten an einen Tisch zu holen, um die Probleme zu besprechen, bemühen uns, wie in den anderen Fallbeispielen beschrieben, auch aktiv hierum – allerdings erst dann, wenn von beiden Seiten ein minimales Klärungsbedürfnis vorhanden ist, die Familientherapie nicht nur ein weiteres Forum gegenseitiger Anklagen und Schuldzuschreibungen sein soll.

Im zweiten Gespräch wenden wir uns dem Leben in der Familie D. zu, lassen uns den Tages- und Wochenablauf schildern, die Aktivitäten der einzelnen Familienmitglieder miteinander. Herr D. beschreibt hier, daß der gegenseitige Gewöhnungsprozeß zwischen ihm und den Kindern aneinander noch nicht abgeschlossen sei, er sich nicht recht akzeptiert fühle, und seine Frau ergänzt, daß das Paar sich unter anderem zu einem gemeinsamen Kind entschieden habe, damit ihr Mann als Vater in der neuen Familie stärker präsent sei. Außerdem sei hierdurch dann noch einmal ganz eindeutig dokumentiert, daß sie nun eine neue Familie seien.

Wir vermuten nun, daß der hartnäckige Konflikt zwischen den ehemaligen Ehepartnern mit der Bildung der neuen Familie zusammenhängt, zunächst mit der Heirat der D.s, jetzt mit dem geplanten neuen Kind, z. B. dahingehend, daß der leibliche Vater von Monika und Rainer hierauf mit Eifersucht reagiert, oder dies als Bedrohung erlebt. Eventuell fürchten auch die Kinder eine Veränderung durch die Geburt eines Halbgeschwisters. Zudem fragen wir uns, ob nicht in der neuen Beziehung verdeckte Spannungen vorhanden seien. Mit diesen Hypothesen im Hinterkopf bitten wir, mit Einwilligung der D.s, zunächst den Vater der beiden Kinder allein zum Gespräch, um seinen Standpunkt kennenzulernen. Eine gemeinsame Sitzung können wir uns, zumindest zu diesem Zeitpunkt, nicht als produktiv vorstellen.

Dieser kommt mit einiger Skepsis, da er „schon einmal zum Psychologen zitiert" worden sei, „ohne daß dabei etwas herauskam".

Zunächst sprechen wir über seine doch schwierige Situation als Umgangsberechtigter, der nun eben nicht mehr dieselben Erziehungsrechte genießt wie die sorgeberechtigte Mutter, über die Umstellungsprobleme, hier für sich eine Position zu finden, die gesellschaftlich ja auch kaum, und dann eben noch nicht positiv sondern eher durch Aussschließungen definiert ist. Schließlich thematisieren wir die uns aus einer Reihe anderer Familien bekannte Angst, nach der Wiederheirat der ehemaligen Partner ausgeschlossen und „nicht mehr gefragt" zu sein – eine Befürchtung, die oft übrigens auch die Großeltern haben. Allmählich löst sich seine anfängliche Reserviertheit etwas auf. Wir gewinnen den Eindruck, daß er sich mit der Scheidung, der Kränkung, verlassen worden zu sein, noch nicht so richtig abgefunden hat, und kommen in einer zweiten Sitzung mit ihm schließlich über seine Situation, seine Bemühungen, eine neue Partnerschaft aufzubauen, ins Gespräch.

Hierbei versuchen wir ihm unseren Standpunkt deutlich zu machen, daß auch nach der Scheidung die Familie eine Familie bleibe, aber eben eine *geschiedene*, was nach unserem Eindruck gern übersehen wird, insbesondere in Diskussionen um das gemeinsame Sorgerecht – daß Kinder zwar ein Recht auf ihre Eltern haben, dies aber nicht einfach umzudrehen sei, daß die Funktionen beider Elternteile sich hier verändern. Offensichtlich nimmt er uns auch hier nicht nur als potentielle Verbündete seiner Frau wahr.

Er erscheint am Ende der Gespräche etwas nachdenklicher und offener. Ein gemeinsames Gespräch mit seiner Frau möchte er nicht, vermutlich, um sich vor der Kränkung, die eine Wiederbegegnung mit der in Hinblick auf Partnerschaften zumindest dem äußeren Anschein nach „Erfolgreicheren" bedeuten würde, zu schützen.

In den folgenden zwei Gesprächen, die wir mit Frau und Herrn D. allein führen, werden allmählich schwere Konflikte zwischen diesen deutlich. Frau D. fühlt sich sowohl bei der Betreuung der Kinder im Stich gelassen als auch sexuell von ihrem Mann abgelehnt, der, wie sich nun herausstellt, manchmal trinkt, um sich von inneren Spannungen zu entlasten. Frau D. wirft ihm dies ebenfalls heftig vor. Herr D. kritisiert seine Frau als rechthaberisch und belehrend. Er komme gegen sie nicht an. Dabei hatten beide nach ihren problematischen ersten Ehen Verständnis und Unterstützung beim anderen gesucht und zunächst auch gefunden. Der biographische Hintergrund beider ist sehr konfliktreich.

Herr D. wuchs allein mit seiner stillen, streng, ja verbittert wirkenden Mutter auf, die sich in seinem zweiten Lebensjahr von seinem Vater scheiden ließ, nachdem sie von ihrer bäuerlichen Familie zu einer „Muß-Heirat" gedrängt worden war. Da seine Mutter den Lebensunterhalt verdienen mußte, bieb er sehr viel allein, war auch in der Schule ein von seinen Mitschülern wegen seiner ärmlichen Kleidung und seiner Vaterlosigkeit oft gehänselter Einzelgänger. Bereits als Jugendlicher trank er in sehr einsamen Momenten.

Vor Abschluß des Besuchs der Meisterschule heiratete er eine Bankkauffrau, Tochter eines Baugeschäftsinhabers. Als Schwiegersohn fühlte er sich in deren Familie unerwünscht, von seiner Frau wie seinen Schwiegereltern oft herablassend behandelt. „Sie ließen mich spüren, woher ich kam". Als er entdeckte, daß seine Frau ein Verhältnis mit einem ihrer Kollegen hatte, zog er aus.

Frau D. hatte in ihrer Herkunftsfamilie immer unter der kühlen, abweisenden Strenge ihrer Eltern gelitten, die keinen Hehl daraus machten, daß sie statt ihr und ihrer Schwester lieber einen Jungen gehabt hätten. Die Eltern, der Vater war Abteilungsleiter in einem Versicherungsunternehmen, seien gleichermaßen ordnungs-, leistungs- und standesbewußt gewesen.

Ihren ersten Mann lernte sie am Ende ihrer Ausbildung kennen. Die Beziehung bot ihr eine Chance, „endlich von Zuhause wegzukommen", wie sie es formulierte. Doch statt der ersehnten Anerkennung und Geborgenheit spürte sie von dem ca. 10 Jahre älteren Partner – und auch von ihrer Schwiegermutter – zunehmend Kritik und Einengung. Sie empfand ihn als dominierend und autoritär. Prinzipien schienen ihm bedeutender als ihre Person.

Für beide Partner war so die erste – und auch die zweite – Ehe der Versuch, die Beziehungsmuster ihrer Herkunftsfamilien, das ihnen aus ihrer Kindheit schmerzlich Vertraute, zu überwinden. Beide hatten bisher wenig Möglichkeiten gehabt, über ihre „innere Mitgift" für die gemeinsame Beziehung nachzudenken. Die Auseinandersetzung mit Prinzipien, die die Frau aus ihrer Herkunftsfamilie und ihrer ersten Ehe kannte, setzte sich in den Nachscheidungskonflikten fort. Das Fehlen von Anerkennung und Zuwendung erlebten beide auch in ihrer zweiten Ehe. Herr D. fühlte sich hier auch wieder unterlegen, wie er es aus seiner Kindheit gegenüber seinen Mitschülerinnen und Mitschülern kannte.

Daß es auch hier Konflikte gab, durfte nicht wahr sein, mußte aus Scham insbesondere dem umgangsberechtigten Vater der Kinder verborgen werden. Nach unseren Erfahrungen ist ein Teil der Nachscheidungsauseinandersetzungen, die auch die Gerichte beschäftigen, durch Konfliktverschiebungen wie bei Familie D. motiviert.

Zweite Ehen stehen oft unter einem besonderen Erfolgsdruck. Ist die erste gescheitert, so muß doch diese gelingen.

Zudem besteht in Zweitfamilien oft die falsche Erwartung, man könne eine „ganz normale Familie" sein. Dies erhöht den Druck und die Möglichkeit von Konflikten. Das prekäre innere Gleichgewicht wird dann über einen „Außenfeind" stabilisiert wofür sich der Umgangsberechtigte anbietet, oder aber durch ein Kind aus der ersten Ehe, das zum Sündenbock wird. Umgangsberechtigte, die selbst eventuell Probleme mit neuen Partnerschaften haben, stören aus Eifersucht, Neid oder der existentiellen Angst heraus, als Elternteil ganz verdrängt zu werden, die neue Familie. Auch so können Konflikte um den Umgang oder gar das Sorgerecht plötzlich wieder aufflammen.

Mit Familie D. finden in längeren Abständen noch vier Gespräche statt, eines davon entsprechend unserem Konzept der Mehrgenerationen-Familientherapie (Massing, Reich, Sperling 1992) mit der Mutter von Herrn D., der danach auch noch einmal mit seinem leiblichen Vater über dessen Sicht der Scheidung damals spricht. Mit ihren Eltern will Frau D. kein Gespräch. Sie fürchtet, daß durch Wutausbrüche ihrerseits das bisher praktizierte Arrangement gestört werde, die Eltern den Kontakt mit ihr gänzlich abbrechen könnten.

Es folgen zwei Sitzungen mit den beiden Kindern, wo wir diesen Gelegenheit geben, ihre Nöte auch über gestalterische Möglichkeiten zu äußern. Es stellt sich heraus, daß sie tatsächlich fürchten, durch das neue Geschwister einerseits bei der Mutter verdrängt zu werden, außerhalb der neuen Eltern-Kind-Gemeinschaft zu stehen, daß zum anderen gleichzeitig mit einer stärkeren Loyalität zur „neuen Familie" ein Kontaktabbruch zum leiblichen Vater ins Haus stehen könnte.

Mit unserer Hilfe können sie dies auch in den beiden Familiengesprächen äußern, die nun folgen. Insgesamt hat sich die Atmosphäre bei Familie D. auch in Bezug auf den leiblichen Vater der Kinder sehr entspannt. Rainers Symptome bessern sich während dieser Zeit, ebenso die von Monika.

Herr D. sucht eine Beratung auf, in der er auch sein Alkoholproblem bearbeitet, und Frau D. entschließt sich ein halbes Jahr nach der Geburt des gemeinsamen Kindes, einer Tochter, zu einer Einzeltherapie, um mit ihren Konflikten aus ihrer Ursprungsfamilie besser fertig zu werden.

Hier bot, wie in vielen Scheidungs- und Nachscheidungsstreitigkeiten die mehrgenerational orientierte psychoanalytische Familientherapie die Chance, die Konflikte dort zu bearbeiten, wo sie lagen, und nicht dort, wohin sie durch Projektion verschoben wurden, wie es einer der Pioniere der Familientherapie, Nathan Ackermann, formulierte.

Durch die Veränderungen im sozialen Feld kann Familientherapie oft auch den Weg für weitere Schritte freimachen, die dann von Familienmitgliedern allein oder in anderen therapeutischen Zusammenhängen unternommen werden können.

Fallbeispiel 3:
Wer darf zur Kommunionsfeier?

Frau und Herr C. melden sich wegen des neunjährigen Theo an, der seit einigen Monaten in der Schule unkonzentriert ist, vor sich hinträumt und abends Einschlafstörungen hat. Zudem näßt er mehrmals in der Woche nachts ein. Die siebenjährige Karoline sei unauffällig.

Beide Kinder stammen aus der ersten Ehe von Frau C. Diese wurde vor drei Jahren geschieden. Die Trennung war ein Jahr zuvor erfolgt. Frau und Herr C. heirateten vor einem halben Jahr. Sie kennen sich schon länger über den Kindergarten, in dem auch die beiden Kinder von Herrn C., die bei dessen geschiedener Frau leben, waren. Beide hatten sich dort als Elternvertreter engagiert.

Die Ehe von Frau C. ist aus zwei Gründen geschieden worden: Ihr früherer Mann, Herr F., hatte stets eine enge Beziehung zu seinen Eltern, insbesondere zu seiner Mutter unterhalten, die mit Frau C. unverhohlen um die Erziehung der Kinder konkurrierte. Herr F. bezog in diesen Konflikten nie Stellung. Er hatte zudem mehrere außereheliche Affären und schließlich eine feste Freundin, mit der er sich sexuell besser verstanden habe als mit Frau C., was diese sehr kränkte.

Theo und Karoline haben regelmäßigen Kontakt zu ihrem Vater, sowohl vierzehntägig an den Wochenenden als auch in den Ferien. Manchmal fahren sie in der Woche zu ihm. Frau C. stört es, daß die Kinder dann auch häufiger bei ihrer ehemaligen Schwiegermutter sind und daß auch die neue Partnerin ihres

*geschiedenen Mannes sie manchmal anruft, um „Erziehungstips"
zu geben.*

*Zu der geschiedenen Frau von Herrn C. scheint der Kontakt nicht
so spannungsgeladen zu sein; auch der Umgang mit den Kindern
ist unproblematischer. In der zweiten Sitzung mit Familie C. kommt
zur Sprache, daß in einigen Monaten die Kommunion von Theo
sein wird. Herr F. und seine Partnerin haben bereits Wünsche
angemeldet: Die Kommunion solle doch in der Kirche des Stadttei-
les stattfinden, in dem die Familie früher gewohnt hat. Er werde
dies schon arrangieren. Neben den Eltern von Herrn F. und seinen
Geschwistern würden auch gern die Eltern seiner neuen Partnerin
dazu kommen. Diese haben die Kinder ja schließlich auch kennengelernt.*

*Frau C. möchte niemanden aus der Familie ihres ehemaligen
Mannes einladen. Sie schlägt zwei getrennte Feiern vor: eine in
der neuen Wohnung von Familie C. mit den Verwandten der Kinder
von ihrer Seite und den „neuen Großeltern", den Eltern von Herrn
C., und eine Nachfeier bei Theos leiblichem Vater, Herrn F., die
dieser gestalten könne, wie er wolle. Herr C. ärgert sich einerseits
sehr über das Verhalten von Theos leiblichem Vater und die
Kränkungen, die seine Frau von diesem und dessen neuer Partnerin erfährt, ist mit beiden auch schon bei einer „Übergabe" der
Kinder in Streit geraten, möchte dennoch eine möglichst einver-
nehmliche Lösung, keine weitere Eskalation des Konfliktes.*

*Theo möchte zu diesem Konflikt nicht Stellung nehmen: „Ich
möchte den Kontakt zu Dieter, meinem Vater, und Oma und Opa F.
haben, und auch zu Ruth (der neuen Partnerin von Herrn F.) und
meinen Verwandten von da und zu Hans (Herrn C.). Ich möchte
niemanden verletzen. Ich halte mich da raus."*

Unseres Erachtens sind die Symptome von Theo in Zusammenhang mit dem hier aufbrechenden Konflikt zu sehen, der an die
kaum verarbeitete Scheidung seiner Eltern in drastischer Weise
erinnert.

Wir entscheiden uns, mit Herrn F. in Kontakt zu treten, um ihn
in die Familientherapie miteinzubeziehen. Nach einem längeren

telefonischen Vorkontakt ist er zu einem Gespräch mit Frau C. bereit. Er bittet sich aus, daß Herr C. hier nicht hinzugezogen wird. Wir können diesem Vorschlag folgen, da der Hauptkonflikt zwischen Frau C. und ihm besteht, also im „alten Familiensystem" verläuft.

Es finden drei Sitzungen in dieser Konstellation statt. Insbesondere am Anfang flackert noch einmal der „alte Paar-Konflikt" auf. Gegenüber Herrn F. muß zudem auch von den Therapeuten klargestellt werden, daß in diesem Konflikt die letzte Entscheidung Frau C. als Sorgeberechtigte der Kinder hat. Bei Herrn F. besteht eine Tendenz, dies nicht anzuerkennen, so zu tun, als sei die Familie immer noch die alte, nur mit zwei neuen Partnern, und keine geschiedene Familie mit unterschiedlichen Rechten der Eltern, einer neuen Gewichtung im Lebensraum der Kinder durch ihr Zusammenleben mit der Mutter und deren neuem Partner und den neuen Beziehungen, die hinzugekommen sind. Zudem weisen die Therapeuten immer wieder nachdrücklich auf den tiefen Loyalitätskonflikt von Theo und seine Symptome hin.

In einem Einzelgespräch mit Herrn F. zwischen dem zweiten und dem dritten Gespräch mit Frau C. und ihm werden schließlich dessen enge Loyalitätsbindungen an seine immer noch dominanten Eltern deutlich. Anschließend findet dann das dritte Gespräch mit Frau und Herrn F. und dann eines mit Frau und Herrn C. und Herrn F. statt.

Schließlich einigen sich die Eltern auf folgende Lösung: Die Kommunion findet in der Kirche statt, in der sie auch geplant war. Die anschließende Familienfeier findet in einem Gasthaus statt, da es für Frau C. emotional zu weit geht, ihre ehemaligen Schwiegereltern und die neue Partnerin ihres geschiedenen Mannes in ihrer neuen Wohnung mit Herrn C. zu sehen. Die Teilnehmer von Seiten der Familie F. werden auf die Großeltern und die beiden Geschwister von Herrn F. sowie deren Partner und Kinder beschränkt. Zudem nimmt noch die neue Partnerin von Herrn F. teil. Die Eltern von Herrn C. sollten zu einem späteren Zeitpunkt eingeladen werden, da die Bindung von Theo und Karoline an diese nicht so eng ist wie an die Großeltern von Seiten des

leiblichen Vaters. Von Seiten von Herrn C. sollte dessen unver-
heirateter Bruder kommen, der oft in Familie C. verkehrte und
ein gutes Verhältnis zu den beiden Kindern hat, zudem die beiden
Kinder von Herrn C. aus erster Ehe, mit denen sich Theo und
Karoline ebenfalls gut verstehen. Aus der Familie von Frau C.
sollen neben den Eltern die Geschwister mit Partnern und Kindern sowie eine Großtante kommen, zu der ebenfalls enger
Kontakt besteht. Ihre Familie ist zahlenmäßig am stärksten
vertreten. Nachdem auch Herr C. diesem Kompromiß zugestimmt
hat, ist es nun Aufgabe der drei Erwachsenen, diesen gegenüber
ihren Familien zu vertreten. Herrn F.'s Eltern drohen zunächst
mit Absage, kommen dann aber doch.

Insgesamt findet die Feier ohne größere Konflikte statt, wozu
insbesondere die Kinder beitragen, die ohne Rücksicht auf die
Spannungen der Erwachsenen lebhaft miteinander spielen. So
wird aus dem „Meilenstein" keine Bombe. Es wird zudem für Theo
und Karoline, aber auch für das Ehepaar C. und Herrn F. erfahr-
bar, daß mit Zurückhaltung und Fingerspitzengefühl bei gleich-
zeitiger deutlicher Abgrenzung auch komplexe Familienkonstellationen handhabbar sind.

Die Therapeuten treten hier wie in vielen ähnlichen Konflikten
von Zweitfamilien und Nachscheidungskonflikten sehr stark als
Vermittler auf, wobei die Wahl des therapeutischen Settings
bereits ein therapeutischer Schritt und eine familiendynamische
Gewichtung ist, die strategisch sehr genau geplant werden muß.
Das leitende Prinzip ist, daß die Erwachsenen sich einigen müssen. Schwierig ist es, die Bindungen der Kinder in den verschiedenen Systemen richtig einzuschätzen, da diese manchmal ganz
anders sind als die Erwachsenen vermuten oder darstellen. Nach
der Kommunion finden in achtwöchigen Abständen noch drei
Sitzungen mit Familie C. statt, in denen es um Probleme in der
neuen Familie und die Rolle von Herrn C. als „Stiefvater" geht.
Die Symptome von Theo bessern sich.

6. Fazit

Wir haben uns typische Probleme von drei Zweitfamilien in familientherapeutischen Behandlungen angesehen. Diese liegen in dem unvollständigen Abschied aus dem „alten" Familiensystem aufgrund dort unbewältigter Konflikte, auf der Verschiebung von Konflikten in der Zweitfamliie auf die Beziehung zum Umgangsberechtigten sowie auf Problemen des Zusammenwachsen mehrerer „Familienkulturen", die sich an den „Meilensteinen" des Familienlebens sowie dem familiären Lebensstil festmachen können. Die unterschiedlichen dynamischen Verläufe der Trauerprozesse bei Scheidung und Verwitwung sind hierbei besonders zu berücksichtigen. Familientherapie ist hier mit einem komplexen Netz aus „alten" und neuen Beziehungen konfrontiert, in dem wesentliche Muster zunächst gänzlich unsichtbar sein können. Die Behandlung der auftretenden Probleme erfordert eine hohe Flexibiltät in der Gestaltung der therapeutischen Settings entlang der Entwicklung des jeweiligen „Problemsystems". Konfliktbearbeitendes deutendes und beratendes Arbeiten müssen hierbei in der Regel kombiniert werden.

Literatur

Cierpka, M. (1992): Die Entwicklung des Familiengefühls. Forum der Psychoanalyse 8:32-46

Dicks, H.V. (1967): Marital Tensions. Routledge & Kegan Paul, London

Friedl, I. (1988): Stieffamilien - ein Literaturbericht zu Eigenart, Problemen und Beratungsansätzen. Verlag Deutsches Jugendinstitut, Weinheim, München

Freud, S. (1915): Trauer und Melancholie. Gesammelte Werke X

Krähenbühl, V., Jellouschek, H.; Kohaus-Jellouschek, M.; Weber, R. (1987): Stieffamilien. Struktur - Entwicklung - Therapie, 2. verb. Aufl. Lambertus, Freiburg

Maier-Aichen, R.; Friedel,I. (1992): Stiefväter: Umgang mit sozialer Elternschaft. Familiendynamik 17: 164-179

Massing, A.; Reich, G.; Sperling, E. (1992): Die Mehrgenerationen-Familientherapie. Vandenhoeck & Ruprecht, Göttingen

Reich, G. (1988): Trennungskonflikte - Familiendynamische und zeitgeschichtliche Aspekte. Wege zum Menschen 40: 194-208

Reich, G. (1990): Familiendynamische Prozesse in Zweitfamilien. Zur Entwicklung familiärer Strukturen nach der Scheidung und nach dem Tod eines Elternteils. Kontext 19: 32-46

Reich, G. (1991a): Partnerwahl und Ehekrisen. 3. Aufl., Asanger Verlag, Heidelberg

Reich, G. (1991b): Kinder in Scheiungskonflikten. in: Krabbe, H. (Hrsg.): Scheidung ohne Richter. Neue Lösungen für Trennungskonflikte. Reinbek, Rowohlt, 59-85

Reich, G. und Bauers, B. (1988): Nachscheidungskonflikte - eine Herausforderung an Beratung und Therapie. Praxis der Kinderpsychologie und Kinderpsychiatrie 37: 346-355

Sager, C.J. et al. (1983): Treating the Remarried Family. Brunner/Mazel Publishers New York

Sperling, E. (1979): Familientherapie unter Berücksichtigung des Dreigenerationenproblems. Psychother. med. Psychol. 29: 207-213

Visher, E.B.; Visher, J.S. (1979): Stepfamilies: A Guide to Working with Stepparents and Stepchildren, Brunner/Mazel Publishers, New York. dt.: Stiefeltern, Stiefkinder und ihre Familien - Probleme und Chancen. Beltz, Weinheim, 1987

Die Stieffamilie/Zweitfamilie als Thema der Familienbildungsarbeit

von

BARTHOLD STRÄTLING

In einem Zeitraum von eineinhalb Stunden ein so umfassendes Thema vorzustellen und auch noch darüber zu diskutieren, erscheint mir beinahe unmöglich. Auf jeden Fall verlangt es den Mut zur Lücke. Bitte erwarten Sie nicht mehr von mir als ein paar Feststellungen, Behauptungen, Fragen und Anstöße für Ihr und mein eigenes Weiterdenken.

Bevor ich mich jedoch meinem eigentlichen Thema zuwende, gestatten Sie mir bitte eine Bemerkung zum Thema Familie, die mir wegen der notwendigen Unterscheidungen wichtig erscheint.

Was Familie ist, weiß jeder, denn beinahe jeder hat damit ja seine Erfahrungen. Machen Sie jedoch das Experiment, drei oder vier Erwachsene zu veranlassen, sich auf eine gemeinsame Definition und Umschreibung zu einigen, erhalten Sie entweder eine Fehlanzeige oder eine so verwaschene Formulierung, daß sie alles und doch nichts besagt.

Tatsächlich ist die Familie nirgendwo verbindlich definiert. Allen gängigen Definitionen aber ist gemeinsam, daß Familie als „Lebensgemeinschaft von Erwachsenen und Kindern" bezeichnet wird. Das ist Familie *auch*. Aber in unserem Zusammenhang wird deutlich und erlangt Bedeutung, daß dies nicht die ganze Wirklichkeit ist. Was ist mit der Familie, wenn die Lebensgemeinschaft sich überlebt hat, wenn die Kinder das Haus verlassen haben? Gehören sie dann nicht mehr zur Familie? Sie gehören dazu. Sie selbst rechnen sich dazu und werden auch von den anderen dazu gerechnet. Die Zugehörigkeit zur Familie wird nicht vom Zusammenwohnen abhängig gemacht, sondern von der Beziehung. Das heißt also: Wir müssen unterscheiden, als *Beziehungsgemein-*

schaft existiert Familie fort, auch wo die *Lebensgemeinschaft* aufgelöst ist. Im Zusammenhang mit den Kindern in Stieffamilien und im Hinblick auf ihr Verhältnis zu den Mitgliedern ihrer Ursprungsfamilie ist diese Unterscheidung von großer Bedeutung.

Aber nun zu meinem eigentlichen Thema.

1. Ein Dilemma der Erwachsenenbildung

Für die Erwachsenenbildung ganz allgemein, speziell aber für den Bereich der Familienbildung, liegt eine Dilemma darin, daß das Akzeptieren eines Angebotes häufig das Problembewußtsein bereits voraussetzt, das durch dieses Angebot eigentlich erst geschaffen werden soll. Das hat ja so mancher von uns bereits erfahren. Da wundert man sich dann, daß mit viel Liebe, Sachverstand und Engagement vorbereitete, wichtige und interessante Programme keine Teilnehmer finden und all der Aufwand und die viele Mühe umsonst gewesen sind. Das gilt auch für das Thema Stief- oder Zweitfamilien, wie sich oft genug zeigt.

Der Grund für diese häufige Erfahrung liegt in der „Markt-Situation" der Erwachsenenbildung. Diese erreicht niemanden ex officio, sondern nur über ein freies Angebot. Dieses wird aber nur angenommen, wenn die, an die es sich richtet, „einen Bedarf" danach haben, sich also vorstellen können, die Teilnahme an einer Bildungsveranstaltung könne sich für sie lohnen, sie bringe ihnen etwas.

Ähnlich wie in der Werbewirtschaft müssen wir danach fragen, ob der „Bedarf" vorhanden, ob er eventuell nur noch nicht bewußt ist und ins Bewußtsein gehoben werden muß, oder ob man den Bedarf erst schaffen muß.

Im Hinblick auf unser Thema muß die Frage also lauten: Wie können wir die von uns gemeinten Teilnehmer erreichen oder bei ihnen vielleicht noch unbekannte oder verleugnete Bedürfnisse bewußt machen oder „wecken"?

Zugleich müssen wir aber feststellen, daß es nicht nur die noch nicht erkannten oder nicht richtig angesprochenen Bedürfnisse sind, die das Akzeptieren entsprechender Angebote erschweren, speziell wenn diese von katholischen Trägern kommen. Auch anderes spielt eine Rolle, z. B.:

– die Stigmatisierung von Zweitfamilien in bestimmten konservativen Milieus;

– die Schwellenängste im Hinblick auf die ungewohnte Umgebung (wer geht schon in eine Katholische Akademie?) oder wegen der Thematik (sind wir denn etwas „anderes", sind wir keine „normale" Familie – warum dann extra Veranstaltungen für uns?);

– die unendliche Geschichte der „wiederverheiratete-Geschiedenen-Problematik", die faktisch beinahe überall bei heutigen Zweitehen anzutreffen ist und die Befürchtungen, darauf angesprochen zu werden .

2.   Bildungsbedarf zum Thema Stieffamilie?

Die erste Frage lautet also: Gibt es einen Bedarf nach dieser Thematik? Die Stieffamilie ist schließlich keine neue Erscheinung. Wenn man sich einmal vergegenwärtigt, wieviele Stiefmütter in den deutschen Märchen welche Rolle spielen, dann erkennt man, daß sie früher außerordentlich weit verbreitet waren. Trotzdem hat man keinen Anlaß gesehen, etwa im Rahmen der Pastoral oder in dem, was man damals als kirchliche Familienarbeit bezeichnen konnte, die Stieffamilie überhaupt zu thematisieren. Stiefväter wurden im Rahmen der Standesseelsorge als *Männer,* Stiefmütter als *Frauen und Mütter* angesprochen, und ihre besondere Situation wurde höchstens erwähnt im Zusammenhang mit den Forderungen, den neuen Partner oder die Partnerin nicht immer an den Vorzügen des oder der Verstorbenen zu messen, den Stiefkindern gegenüber gerecht zu sein und die leiblichen Kinder ihnen nicht vorzuziehen. So hörte ich als Zwölfjähriger meine Stiefmutter erzählen, als sie während einer Volksmission eine *Standespredigt für Frauen und Mütter* besucht hatte.

Aber damals waren Stieffamilien, mindestens in katholischen Gegenden, fast ausschließlich entstanden, weil einer der Elternteile starb und die Witwen- oder Witwer-Familie durch das Hinzukommen eines neuen Lebenspartners oder einer Lebenspartnerin wieder *komplettiert* wurde.

Heute dagegen kommen Zweitehen und, wenn Kinder da sind, Stieffamilien meistens deswegen zustande, weil die erste Ehe geschieden wurde und die Partner neue Verbindungen eingehen. Und zu Fällen, in denen die faktische Ein-Elternteil-Familie durch das Hinzukommen eines anderen Erwachsenen gewissermaßen wieder *komplettiert wird, ist in steigender Zahl zu beobachten, daß zwei familale Teilsysteme, nämlich Vater- und Mutterfamilie, zu einer Stieffamilie kombiniert* werden. Wenn sich die Tendenz fortsetzt, daß heute auch Väter bei der Scheidung ihrer Ehe sich um das Sorgerecht für ihre Kinder bemühen und dann auch deren Betreuung faktisch übernehmen (und nicht als sogenannte *Alleinerziehende* ihre Kinder erziehen lassen!), muß für die nächste Zukunft mit einem erheblichen Ansteigen der Zahl der *kombinierten Stieffamilien* gerechnet werden.

Es liegt auf der Hand, daß dort, wo sich zwei verschiedene Gruppen mit differierenden Vorgeschichten, mit möglicherweise sehr unterschiedlicher Verfaßtheit, verschiedenen Lebensweisen und Lebensstilen zu einer neuen Familie verbinden, andere und zum Teil kompliziertere Probleme auftauchen als dort, wo ein Erwachsener als Einzelperson lernen muß, sich in ein bestehendes Familiensystem einzufügen und darin seinen Platz zu finden.

Gab in den früheren Stieffamilien der abwesende (weil verstorbene) leibliche Elternteil für den neu hinzugekommenen Erwachsenen und für die Kinder eine Art Vor- und Leitbild ab, an dem man sich messen lassen mußte, wobei man sich unter Umständen ungerecht eingeschätzt vorkam (siehe den oben erwähnen pastoralen Rat), so regierte er doch nicht mehr direkt handelnd in die Familie hinein. Heute dagegen lebt er meistens, und so ist der ehemalige Ehepartner, auch dort, wo er ausgezogen ist, in der Familie, die er „hinterlassen" hat, durchwegs durchaus noch lebendig und relevant und zieht als ein unsichtbares aber dennoch gegenwärtiges menschliches Inventar in die neu sich formierende Stieffamilie mit ein.

Da ist die Problematik der *drei Familien* der Kinder. Für den Erwachsenen ist es normal, daß er in der Regel drei Familien angehört:

- der Ursprungsfamilie, aus der er stammt;

- der eigenen Familie, die er mitgegründet hat, und

- der Schwiegerfamilie, in die er eingeheiratet hat.

Hier wird von Belang, was wir oben über die Unterscheidung zwischen der Familie als Lebensgemeinschaft und als Beziehungsgemeinschaft gesagt haben. Kinder dagegen leben normalerweise in einer Familie, die Lebens- und Beziehungsgemeinschaft ist. Nicht so die Kinder in Stieffamilien. Sie leben häufig ebenfalls schon in drei Familien – und das ist neu.

- Sie haben die Ursprungsfamilie mit den leiblichen Eltern, die als Beziehungsgemeinschaft in gewisser Weise auch dort fortexistiert, wo man nicht mehr zusammen lebt.

- Sie leben die meiste Zeit in der Stieffamilie mit einem leiblichen Elternteil, dessen neuem Partner oder neuer Partnerin, mit Geschwistern, Stief- und manchmal auch Halbgeschwistern. Und:

- Sie leben regelmässig für kürzere oder längere Zeit in der neuen Familie des ausgezogenen Elterteils mit „Stiefmutter oder Stiefvater" und eventuellen Stief- und Halbgeschwistern.

Durch die Mehrfachmitgliedschaft in verschiedenen Familien verknüpfen sich diese sozusagen in der Person des Kindes.

Diese Dreiheit von Familien erweitert sich für das Kind häufig dadurch, daß es mit erweiterten Verwandschaften konfrontiert wird, mit zusätzlichen Großeltern, Onkeln und Tanten. Andererseits führt die Trennung der Eltern in vielen Fällen auch zum Verlust von Verwandtschaft und vielleicht emotional wichtigen Beziehungen, etwa wo der Kontakt zu den Eltern des *ausgezogenen* Vaters oder der Mutter abgebrochen oder aber doch sehr stark eingeschränkt wird.

In der Bildungsarbeit mit Partnern aus Zweitehen und mit Alleinerziehenden werden vor allem vier Komplexe – als Erfahrung oder als Befürchtung – immer wieder von den Teilnehmern angesprochen:

– die Probleme beim Zusammenwachsen der neuen Familie;

– die Beziehungen der Kinder zu dem nicht mit ihnen zusammenlebenden leiblichen Elternteil;

– das Verhältnis der Kinder zu ihren *anderen Familien* und schließlich

– mögliche in der Vorgeschichte begründete Traumata und Ängste von Erwachsenen und Kindern und deren Gegenwärtigkeit im Beziehungsgefüge der Stieffamilie.

Hier sind also Themen, die ihren *Sitz im Leben* der Betroffenen haben. Und sie sind zugleich auch der Anknüpfungspukt für die Bildungsarbeit.

3. Fragen zur Bildungsarbeit zum Thema Stieffamilie

Aber auch bei Bildungsangeboten müssen wir uns, wie überall in unserer Arbeit mit Menschen und an Menschen, die drei Fragen stellen:

– Was wollen wir tun?

– Warum tun wir es, was sind unsere Motive?

– Wozu tun wir es, welche Ziele haben wir?

Drei Antworten, über die wir nachdenken sollten, könnten lauten:

– Wir wollen den Menschen Hilfen vermitteln zur Bewältigung ihrer Aufgaben und ihrer Lebenssituation, für die es in unserer Gesellschaft kaum orientierende Vorbilder und Modelle gibt;

– Wir tun es, weil wir sehen, daß Menschen solche Hilfen brauchen; damit sie ihre Gemeinschaft gesichert und befriedigt leben können, und weil wir glauben, daß wir als Kirche Verantwortung tragen für gelingendes Leben.

– Unser Ziel ist es, die Wohlfahrt und das Gedeihen der Menschen, die in Stieffamilien leben, zu fördern.

Natürlich dürfen wir nicht unterschlagen, daß wir neben dem altruistischen durchaus auch noch andere Motive haben. Diese sollten oder könnten zuerst darin liegen, den Menschen, deren neue Lebensgemeinschaft von der Kirche nicht als gültig anerkannt wird und die sich deswegen häufig von der Kirche abgeschrieben glauben, eine andere Erfahrung von Kirche zu vermitteln: Die Erfahrung der sich kümmernden, der helfenwollenden, die Alltagsaufgaben, -sorgen und -probleme ernstnehmenden Kirche, die den Menschen auch dort beisteht, wo diese aus welchen Gründen auch immer anders leben, als dies in den Regeln und Geboten vorgesehen ist. In diesem Zusammenhang stellt sich sicher auch die vieldiskutierte Frage nach der Zulassung wiederverheirateter Geschiedener zu den Sakramenten. Wir würden die Menschen jedoch nicht ernstnehmen, wollten wir diese gewiß wichtige Frage und das Verhalten der Menschen im Hinblick auf diese Frage in den Mittelpunkt unserer Arbeit stellen. Vielleicht ist ja bis zu einer akzeptablen Lösung ein weiter Weg zu gehen, den wir mit den Betroffenen gemeinsam beschreiten sollten.

Die Inhalte der Familienbildungsarbeit richten sich immer nach den Zielen. Und lautet dieses Ziel, den Menschen zu helfen, ihre Aufgaben in einer bestimmten Lebenssituation zu meistern oder besser zu meistern, dann muß man fragen,

– wie diese Situation aussieht, um welche Aufgaben es sich handelt und welche Probleme sich stellen;

– wie der Mensch, wie die betroffenen Menschen gemeinsam damit umgehen können;

– was sie brauchen, was sie lernen müssen und wie sie es lernen können, damit ihnen die Bewältigung der Situation und die Verbesserung des gemeinsamen Lebens besser gelingt.

Dabei sind immer und überall zwei Grundsätze zu beachten:

– Probleme und Schwierigkeiten im Zusammenleben von Menschen müssen immer unter den Bedingungen und Möglichkeiten der betroffenen Personen gelöst werden. Es gibt keine generelle oder einfach übertragbare Lösungen.

– Zu hoch gesteckte Ziele fördern nicht das Engagament bei der Lösung der Probleme, sondern entmutigen (Schmidtbauer: *Die Destruktivität von Idealen*).

Ausgangspunkt ist also die Frage: Wie ist die Situation und wie kann man mit dieser Situation so zurechtkommen, daß sie gelebt, miteinander erlebt werden und die Beziehung zwischen den Menschen fördern kann. (*Gemeisterte Krisen gehören zum Glücksbestand einer Beziehung!*)

Information hat in dieser Arbeit einen besonderen Stellenwert. Sie hat ihren Wert jedoch nicht an sich, sondern insofern sie hilfreich ist,

– die Situation besser zu erkennen,

– Menschen und ihr Verhalten besser verstehen zu lernen,

– unterschiedliche Lösungsmöglichkeiten für Probleme und Konflikte miteinander zu erarbeiten und die für den individuellen Fall besten herauszufinden.

Oder um es anders zu sagen: Allgemeine Aussagen, mögen sie auch noch so richtig und beweisbar sein, oder Gesamtdarstellungen eines Problemfeldes nützen noch nichts, wenn die Betroffenen daraus keine hilfreichen Schlüsse zur Bewältigung der eigenen Lage ziehen können. *Das Thema* ist die Zweit- oder Stieffamilie, ihre Vorgeschichte, ihre Entstehung und die in ihr zu bewältigenden Aufgaben und Probleme.

Es geht in erster Linie um soziales Lernen. Dies braucht auch das kognitive Element etwa im Hinblick auf die Anaylse der Situation. Im Vordergrund aber steht die Erfahrung, das Bewußtwerden von Erfahrungen und ihrer Bedeutung für das individuelle und das gemeinsame Leben, das Erkennen der Gegenwärtigkeit der Erfahrungen in den Hoffnungen, Erwartungen und Befürchtungen und im konkreten Verhalten des Einzelnen.

4. Ziele der Bildungsarbeit zum Thema Stieffamilie

Die konkreten Ziele der Bildungsarbeit mit den Menschen aus Stieffamilien und Zweitfamilien könnte man in den folgenden Punkten zusammenfassen:

– Vergegenwärtigung der individuellen und der gemeinsamen Vorgeschichte;

– Erkennen der bewußten und der heimlichen Motive für die Zweitbindung und der offenen und uneingestandenen Erwartungen und Hoffnungen im Hinblick auf den neuen Partner und die neue Verbindung.

– Befähigung der Partner und ihrer Angehörigen zum Gespräch miteinander – auch hinsichtlich gegenseitiger Wünsche, Erwartungen und Hoffnungen. Klärung dieser Erwartungen vor allem im Blick auf die erwünschte Beteiligung des jeweils anderen an der Lösung konkreter Lebensprobleme.

– Das Durchschauen des Beziehungsgeflechtes zwischen den hauptsächlich in der Stieffamilie lebenden Personen, vor allem der Stiefgeschwister. (Nähe und Distanz innerhalb der Beziehung hängen nicht unbedingt mit dem Verwandtsein zusammen).

– Das Durchschauen des Beziehungsgeflechtes zwischen den *verknüpften Familien*und den darin lebenden Personen (Ursprungs-, Stief- und Gastfamilie).

– Die Organisation des Zusammenlebens und der Beziehungen innerhalb der Stieffamilie und die Erreichung eines realistischen Arrangements im Hinblick auf die Beziehungen der einzelnen Mitglieder der Stieffamilie zu den außerhalb lebenden Personen und Familiensystemen, zu denen sie persönliche Bindungen haben (hier ist nicht nur an die Beziehung des Kindes zu dem nicht mit ihm zusammenlebenden Elternteil gedacht, sondern auch an andere Verwandte, z. B. Halbgeschwister, Großeltern, Onkel etc.).

– Die Klärung konkreter Fragen der gemeinsamen Gestaltung des Familienlebens, der gegenseitigen Erwartungen im Hinblick auf die Beteiligung an der Erziehung der Kinder und hinsichtlich des Verhältnisses beider Erwachsener zu den verschiedenen Kindern.

Es mag auffallen, daß die religiöse, speziell auch die kirchenrechtliche Thematik hier nicht ausdrücklich angesprochen worden ist. Sie ist, wie meine Erfahrung mich lehrt, implizit immer gegenwärtig und kommt auch, ohne ausdrücklich thematisiert zu sein, in mancherlei Zusammenhängen zur Sprache.

Sicher ist auch, daß die ersten Punkte des oben genannten Zielkatalogs die Bewältigung der Trennung aus der ersten Partnerschaft, die Motive für die neue Partnerwahl und die Abklärung der gegenseitigen Erwartungen, Hoffnungen und Befürchtungen zum Inhalt haben. Man mag fragen, ob zum Beispiel die *Trauerarbeit nach dem Scheitern der Beziehung* und die *Motivationsforschung* nicht eigentlich in die Beratung gehören. Das ist nicht von der Hand zu weisen. Dennoch haben diese Themen auch in unserer Arbeit ihren Platz. Zum einen ist festzustellen, daß der Eheberater kaum mehr aufgesucht wird, wenn seine Bemühungen um die Sanierung der Ehe ohne Erfolg blieben. Diese Beratungsabstinenz hat ihren Grund nicht bei den Beratern, sondern beruht zum Teil auf dem hartnäckigen Vorurteil, Eheberatung sei nur angebracht oder vertretbar, solange es um Versuche geht, die Ehe zu erhalten. Oder auf der Meinung, daß man ja nicht gut weiterhin jemandes Dienste in Anspruch nehmen könne, den man enttäuscht habe, weil seine Bemühungen vergeblich waren. Hier begegnet man der Meinung, Eheberatung habe ihren Sinn ausschließlich in der Stabilisierung oder gar Zementierung von Ehen.

Daß gerade nach dem Ende einer Beziehung die Notwendigkeit besteht, sich innerlich mit dem auseinandersetzen, was man als Scheitern oder Mißerfolg auffaßt, daß man sich klar macht, warum das alles so kam, daß man den Schock verarbeiten muß, ist zum Teil nicht bewußt, wird häufig nicht erkannt. Hier können wir durch unsere Arbeit helfen, eine Motivation aufzubauen, weiterhin beratende Hilfe in Anspruch zu nehmen.

Damit hängt auch die Frage nach dem Motiv für das Eingehen einer neuen Partnerschaft und für die Auswahl des neuen Partners eng zusammen. In der Bildungsarbeit mit den sogenannten Alleinerziehern beobachten wir immer wieder, daß neue Partnerbeziehungen eingegangen werden, noch bevor die gescheiterte Ehe rechtlich abgeschlossen, geschweige innerlich verarbeitet ist, während man den ursprünglichen Partner mindestens in seinem Inneren noch bekämpft, gegen ihn wütet. Und daß man bei der Wahl des neuen Partners häufig auf den *alten Typus* zurückkommt, also jemanden wählt, der gewisse Übereinstimmungen mit dem Ex-Partner aufweist. Aus beidem können sich Belastungen für die neue Beziehung ergeben, die bis zum Bruch führen können.

Ich denke, dies klarzumachen und die Teilnehmer zu ermutigen, sich bei der Klärung dieser Fragen fachkundig und unvoreingenommen helfen zu lassen, ist ein wichtiger Dienst, den die Bildungsarbeit leisten kann.

5.   Der Weg zur Zielgruppe

Eine andere Frage ist, wie wir die Zielgruppe, die wir ansprechen möchten, erreichen können und wer alles dazu gehört. Wir haben ja schon gesagt, daß wir sie nicht ex officio erreichen, sondern nur wenn wir ein bekanntes und erkanntes Bedürfnis ansprechen und Schwellenängste vermeiden.

Tatsächlich haben wir es mit verschiedenen Zielgruppen zu tun, die sich teilweise überschneiden.

Da sind als erste *die unmittelbar betroffenen Erwachsenen*, also in erster Linie die Partner der Zweitehe oder der neuen Partnerbeziehung, aber auch die nicht mit den Kindern zusammenlebenden leiblichen Elternteile der betroffenen Kindern. Inhaltlich stünden hier die Frage der Gestaltung der Beziehung, die Hoffnungen und Erwartungen aneinander, aber auch die Auseinandersetzung mit Erfahrungen, mit Befürchtungen und Ängsten im Vordergrund, und schließlich Bedeutung und Einfluß, den frühere Partner im Zusammenhang mit den Kindern noch haben, und wie dieser Einfluß sich auf die neue Partnerbeziehung oder Ehe auswirken kann. Thema etwa: *Eheglück – neuer Versuch.*

Die praktische Erfahrung zeigt nun aber – und zwar bei Eheleuten ganz allgemein, nicht nur bei Zweitverheirateten –, daß wenig Bereitschaft besteht, Bildungsveranstaltungen zum Thema Ehe anzunehmen. Dahinter mag das Vorurteil stehen, wer zu solchen Veranstaltungen gehe, habe es nötig in dem Sinne, bei dem stimmt es nicht mehr! Es sei denn, man spricht das Thema Ehe im Zusammenhang mit einer der sogenannten Lebenswenden an, Thema etwa: *„Wenn demnächst die Rente droht"* oder *„Miteinander älter werden in Ehe und Familie". Tabu sind alle Themen, hinter denen Konflikte, Auseinandersetzungen und überhaupt Schwierigkeiten der Eheleute miteinander vermutet werden können. Hier begegnen wir den berühmt-berüchtigten Schwellenängsten.*

Bei Zweitverheirateten, die das Scheitern einer Beziehung erlebt haben, ist die Angst vor solchen *Offenbarungen* durch den Besuch entsprechender Veranstaltungen offenbar besonders ausgeprägt. Nach meinen Erfahrungen kommen Erwachsene – und zwar sowohl Stiefeltern als auch sogenannte Alleinerzieher, aber auch Väter oder Mütter, die nicht mit ihren Kindern zusammenleben, aber Kontakt zu ihnen halten möchten – , durchaus zu einem Gespräch über *„Elternschaft nach Ehetrennung".* Lautet das Thema hingegen *„Eine neue Partnerschaft"* oder eben *„Eheglück – neuer Versuch",* bleiben die Besucher aus – auch die, die schon in einer neuen Partnerschaft leben oder sich ernsthaft mit dem Gedanken daran tragen.

Nun gehören die Erwachsenen in Stieffamilien ja auch noch zur zweiten Zielgruppe, <u>den Eltern und Stiefeltern.</u> Die Anknüpfungspunkte, die es im Hinblick auf die Partnerschaft und die ehelichen Beziehungen nicht gab, finden sich hier zuhauf. Daß man sich, wenn man aus zwei Restfamilien eine „gescheite Familie" machen will, Rat und Aussprache holen und auf die

Erfahrungen anderer zurückgreifen muß, liegt auf der Hand. Und insoweit gibt es auch keine Bedenken oder Ängste, Angebote zu Erziehungsfragen und zum Verhältnis Eltern-Kinder in der Stieffamilie anzunehmen.

Das entspricht durchaus der Erfahrung aus der Ehe- und Elternbildung: Offen ausgeschriebene Beziehungsthemen werden nur von einer entsprechend motivierten Minderheit (von dieser größtenteils aber auch gern) angenommen, wogegen Fragen der Erziehung und des Umgangs mit den Kindern meistens guten Zuspruch haben. Erziehungsthemen lösen meistens die Erwartung aus, das bringt was, davon habe ich etwas.

Und es ist auch durchaus ähnlich wie bei den sogenannten Alleinerziehenden. Bei ihren Begegnungen stehen neben den akuten Fällen der Neuhinzugekommenen die Probleme mit den Kindern sowie Fragen der Unterhaltssicherung und der Sozialhilfe im Vordergrund; die Fragen des Alleinlebens und wie die einzelne Frau oder der einzelne Mann damit zurecht kommt, werden eher selten einmal thematisiert.

Nun lassen sich weder in der sogenannten Normal- noch in der Stieffamilie die erzieherischen Fragen von den Beziehungsproblemen trennen. Das heißt, jene Themen, die nicht ausdrücklich angekündigt werden oder bei Ankündigung gemieden würden, kommen im Zusammenhang mit der Situation und dem Verhalten der Kinder unvermeidlich doch zur Sprache. Man kann eben nicht über die Atmosphäre in einer Familie sprechen, ohne das Klima in der Beziehung der Ehepartner zu erwähnen. Und wie ein Stiefvater sich seinen eigenen und den Stiefkindern gegenüber verhält, auch dies hat mit der Beziehung der Erwachsenen zueinander zu tun und wirkt auf diese zurück.

Obwohl die erzieherischen Probleme der Stieffamilien sich in der Sache nicht wesentlich von denen anderer Familien unterscheiden, sind die Rahmenbedingungen für die Lösung in beiden Fällen doch verschieden. Dies rechtfertigt nicht nur spezielle Angebote für die Eltern in Stieffamilien und für die Eltern, deren Kinder in mehreren oder verschiedenen Familien leben. Es verlangt geradezu danach.

Schließlich gehört das Thema Stieffamilie in die Bildungsarbeit *mit jungen Paaren vor oder am Beginn der Ehe*. Immerhin haben wir heute in jeder dritten bis vierten jungen Ehe einen Partner, der das Scheitern der Ehe seiner Eltern miterlebt hat, und nicht wenige dieser jungen Menschen haben auch Erfahrungen mit der Stieffamilie gemacht. Die Gerechtigkeit gebietet den Hinweis, daß dies keineswegs nur negative Erfahrungen waren, daß die gelungene Beziehung der Stiefeltern nach den gescheiterten ersten Ehen für die jungen Leute mutmachend war im Hinblick auf den eigenen Entschluß, die Ehe zu wagen.

Dennoch muß unter Umständen damit gerechnet werden, daß sich in die Zukunftshoffnungen des jungen Paares auch Ängste und Befürchtungen mischen, daß vor allem die Besorgnis da sein kann, eine Wiederholung des Schicksals der eigenen Eltern sei im eigenen Leben nicht auszuschließen.

Unter diesen Umständen muß den Paaren geholfen werden, ihre eigene individuelle und gemeinsame Grundausstattung für das Gelingen von Beziehung zu erkennen und zu klären, wozu auch die familiäre Vorgeschichte – und mithin auch die gescheiterte Beziehung, die auseinandergerissene Familie und die Erfahrung mit der Stieffamilie – gehört.

Eine letzte, aber nicht unwichtige Zielgruppe sei noch genannt, und das ist die *Öffentlichkeit in unseren Gemeinden*. Hier geht es vor allem darum, einerseits die Integration von Geschiedenen in ihrem Umfeld zu verbessern. Nicht wenige Geschiedene suchen ja deswegen eine neue Partnerbeziehung, weil sie sich in ihrer Umgebung alleingelassen fühlen und sich von einem Menschen jene Unterstützung erhoffen, die sie brauchen, aber in der größeren Gemeinschaft nicht finden. Wenn von den nicht wenigen problematischen oder gar von den gescheiterten Zweitehen die Rede ist, finden wir sie häufig vor diesem Hintergrund. Niemand sollte aus Angst vor dem Alleinsein und vor der Überforderung in eine neue Beziehung flüchten müssen.

Für viele Menschen, Erwachsene wie Kinder, ist die Stieffamilie eine Notwendigkeit, oft eine Wohltat, auch wenn sie selbstverständlich auch ihre Mängel hat. Viele in unseren Gemeinden tun sich aus mancherlei Gründen schwer mit dem ungelösten Problem der sogenannten „wiederverheirateten Geschiedenen" und sind unsicher, ob und wie sie sie akzeptieren dürfen. Hier gilt es Aufklärungsarbeit zu leisten und vor allem der Diskriminierung und der Diffamierung der Stieffamilien zu wehren.

Zu den Autoren

Univ.-Professor Dr. *Michael Coester* lehrt an der Georg-August-Universität Göttingen Bürgerliches Recht und Handelsrecht.

Dipl.-Psych. *Wilfried Griebel* gehört dem Staatsinstitut für Frühpädagogik und Familienforschung (IFP) in München an.

Dr. *Johannes Horstmann*, Studienleiter an der Katholischen Akademie Schwerte.

P. Dr. Dr. *Waldemar Molinski* SJ, Univ.-Prof. für Katholische Theologie und ihre Didaktik an der Bergischen Universität/Gesamthochschule Wuppertal.

Dipl.-Psych. Dr. *Günter Reich*, Georg-August-Universität Göttingen, Zentrum 16; Psychoanalytische Medizin, Abteilung Psychosomatik und Psychotherapie, Schwerpunkt Familientherapie.

Barthold Strätling, Referent der Arbeitsgemeinschaft für katholische Familienbildung e.V. und Chefredakteur der Zeitschrift "neue Gespräche", im Ruhestand.

Dr. *Sabine Walper* ist Mitglied des Institutes für Psychologie der Universität München, Persönlichkeitspsychologie und Psychodiagnostik.

VEKTOR-VERLAG

Nachtigallenweg 20
53501 Grafschaft

Aus unserer familienpolitischen Reihe:

W. E. Fthenakis /
H.-R. Kunze (Hrsg.)
**Trennung und Scheidung –
Familie am Ende?**
Neue Anforderungen an die beteiligten
Institutionen
1992

B. Jans / A. Sering (Hrsg.)
**Familien im wieder-
vereinigten Deutschland**
Beiträge von H. Rönsch, A. Grandtke,
S. Keil, K. Fell, F. Bertsch, A. Flade, u.a.
1992

A. Oberhauser / C. Rüsch
Wohnungspolitik für Familien
2. überarb. und erweiterte Aufl.
1994 (1992)

**Schwangeren- und
Familienhilfegesetz**
Das Urteil des Bundesverfassungsgerichts
vom 28. Mai 1993 im Wortlaut
1993

A. Netzler
Familie als Risiko?
Zur Anerkennung von Erziehungszeiten
in der gesetzlichen Rentenversicherung
1993

Max Wingen
**40 Jahre Familienpolitik in
Deutschland –
Momentaufnahmen und
Entwicklungslinien**
1993

Arbeitsgemeinschaft
der Deutschen
Familienorganisationen
(Hrsg.)
Familienlastenausgleich
Beiträge von M. Lehner, F. Bertsch,
A. Oberhauser u.a.
1993

G. Zimmermann / B. Jans (Hrsg.)
**Familie – Einkommen –
Arbeitszeit**
Beiträge von G. Kleinhenz, H. Ludwig, F.
Hengsbach, M. Wingen, G. Zimmermann
1993

A. Netzler
**Familienlastenausgleich
1994**
Minimalanforderungen,
Leistungen
und Defizite
1994

Wir wollen,
was Familien stärkt:

> *Anerkennung*
> *Gerechtigkeit*
> *Solidarität*
> *Förderung*

Machen Sie mit!

Zeigen Sie auf, was sich in Gesellschaft, Staat und Kirche ändern muß, damit Eltern mit Kindern so leben können, wie es ihnen zukommt. Setzen Sie sich am Arbeitsplatz, im Freundeskreis, im Verein, in ihrer Umwelt für die Familie ein!

Treten Sie für die Wahrung der Werte und Interessen der Familie in Presse, Funk und Fernsehen, in der Bildungsarbeit und in den politischen Parteien ein!

Sorgen Sie dafür, daß die Familie nicht nur vor der Wahl ein Thema ist, sondern daß auch nach den Wahlen für sie Politik gemacht wird!

Machen Sie die Familien in ihrem Verband, Ihrer Gemeinde, den kirchlichen Räten, den Einrichtungen der Familienarbeit zu Ihrem Anliegen!

Stärken Sie den Familienbund in Ihrer Diözese durch Ihre Mitarbeit!

Anschriften der Geschäftsstellen des Familienbundes
in den nordrhein-westfälischen Diözesen:

45127 Essen, Burgplatz 3, Tel: (0201) 22 04 402
48135 Münster, Rosenstraße 16, Tel: (0251) 4 67 27
33098 Paderborn, Am Stadelhof 14, Tel: (05251) 12 52 02
50674 Köln, Lindenstraße 14, Tel: (0221) 21 84 53
52068 Aachen, Tempelhofer Straße 21, Tel: (0241) 16 54 30

Familienbund
der Deutschen Katholiken